本著作获北京建筑文化研究基地资助

走在城市的际线：
汉语国际教育中同意与反对的表达手段

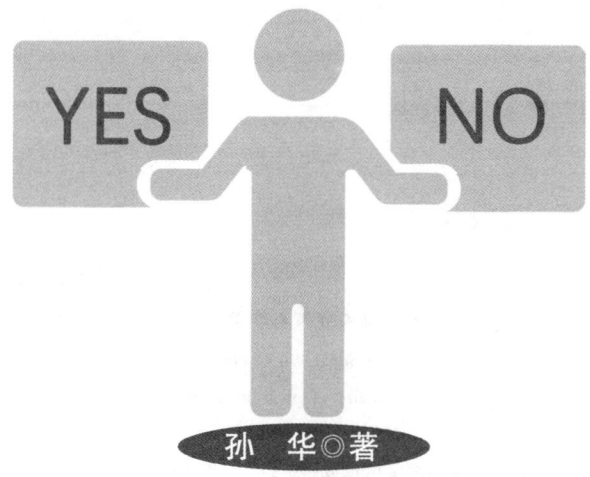

孙 华◎著

中国财经出版传媒集团

中国财政经济出版社

图书在版编目（CIP）数据

走在城市的际线：汉语国际教育中同意与反对的表达手段／孙华著．—北京：中国财政经济出版社，2019.7

ISBN 978-7-5095-9127-7

Ⅰ.①走… Ⅱ.①孙… Ⅲ.①汉语–对外汉语教学–教学研究 Ⅳ.①H195.3

中国版本图书馆CIP数据核字（2019）第167697号

责任编辑：彭　波　　　　　　　　责任印制：党　辉
封面设计：孙俪铭　　　　　　　　责任校对：张　凡

中国财政经济出版社 出版

URL：http://www.cfeph.cn

E-mail：cfeph@cfemg.cn

（版权所有　翻印必究）

社址：北京市海淀区阜成路甲28号　邮政编码：100142
营销中心电话：010-88191537
北京财经印刷厂印装　各地新华书店经销
710×1000毫米　16开　14.5印张　230 000字
2019年7月第1版　2019年7月北京第1次印刷
定价：68.00元
ISBN 978-7-5095-9127-7
（图书出现印装问题，本社负责调换）
本社质量投诉电话：010-88190744
打击盗版举报热线：010-88191661　QQ：2242791300

序

呈现在读者面前的《走在城市的际线：汉语国际教育中同意与反对表达手段》为北京建筑大学英语系孙华老师所著。她运用当代言语交际学理论，特别是格赖斯会话理论中的合作原则和礼貌原则，以及奥斯汀的言语行为理论，从多个视角全面而细致地描写了现代汉语里种种表示同意、反对的表达手段。她在将书稿交付出版社付梓之前给我来电邮，要我为该书写序。我欣然接受了，因为她曾于2006-2007年来北京大学访学研修一年，在访学期间，系里让我负责她的研修计划的实施。她先后听了我给本科生开设的"现代汉语语法研究"、给研究生开设的"语法分析"这两门课。我的课都要求学生做多次练习，练习都是思考性的，很难从别的书上去找到现成答案，都得要求学生自己动脑子思考。孙华勤奋好学，对自己要求很严，两个课所布置的每个练习她都认真做了，而且都做得很好。从中可以看出，她能勤于思考，有研究意识，这就给我留下了深刻的印象。所以，这次她要我为她的最新研究成果《走在城市的际线：汉语国际教育中同意与反对表达手段》一书写序，我就毫不犹豫地答应了。

在人类言语交际中，有两个现象很值得注意。一个现象是，在语言中为了表达的细腻，同一个意义往往会由不同的词语或不同的句法格式来表达。语言中的同义现象，包括同义词和同义句式，就是这样造成的。譬如，同为用视觉器官感知客观事物，汉语里就可以使用具体含义不完全相同的动词，如：看、瞧、瞅、盯、瞪、观、瞥、瞄、望、眺望、了望、遥望、张望、仰望、远眺、环视、窥视、注视、仰视、俯视、俯瞰、鸟瞰、环顾、打量、窥测、窥探、目睹、目击、目测、凝视、凝望、端详等等。再譬如，在现代汉语里表示事物的存在，就有多种含意不一的存在句式——

a.处所词语+有+存在物名词语：墙上有一幅画。

b.处所词语+有+存在物名词语+动词+着：墙上有一幅画挂着。

c. 处所词语＋动词＋着＋存在物名词语：墙上挂着一幅画。

d. 有＋存在物名词语＋动词＋在＋处所词语：有一幅画挂在墙上。

e. 有＋存在物名词语＋在＋处所词语＋动词＋着：有一幅画在墙上挂着。

f. 指示代词＋存在物名词语＋动词＋在＋处所词语：那幅画挂在墙上。

g. 指示代词＋存在物名词语＋在＋处所词语＋动词＋着：那幅画在墙上挂着。

另一个现象是，由于受民族文化和民族心理的影响，同样一个意思，不同的语言在具体表达上往往会呈现所用词语或者所用的表达格式的差异。例如，陈述偷和抢的事件，汉语一般都采用同样的双宾句式——表示偷窃者、抢劫者的名词性词语作主语，表示被偷者、被抢者的名词性词语作动词的间接宾语，表示所偷、所抢之财务的名词性词语作动词的直接宾语。例如：

（1）张三偷了李四一块手表

（2）张三抢了李四一块手表。

可是英语，表达偷和抢这两个事件则采用不同的表达法——陈述偷窃事件，以表示被偷之物的名词性词语作宾语；陈述抢劫事件，以表示被抢者的名词性词语作宾语。例如：

（3）Zhang San stole a watch from Li Si.

（4）Zhang San robbed Li Si of his watch.

人类语言的上述两个现象要求我们，开展汉语教学（包括在境内开展的"对外汉语教学"、在境外开展的"汉语国际教育"与在境内外开展的"华文教学"），从教的方面说，必须尽可能要将现代汉语里最常用的同义词、同义句式分析到位，教给外国学生掌握；从学的方面说，外国汉语学习者在学习汉语时，必须既要注意学习、掌握现代汉语中最常用的同义词、同义句式，又要注意汉语和自己母语在词汇、语法上的差异。遗憾的是，目前在开展汉语教学过程中，严重缺乏面向汉语教学的有关现代汉语同义词、同义句式的用法辞书，也缺少这方面的专著；而汉外对比的论著更少。说实在的话，当今汉语教学迫切需要现代汉语应用研究成果的支持。

孙华的书稿《走在城市的际线：汉语国际教育中同意与反对表达手段》正是面向汉语教学需要的一项研究成果。我们在日常交际中，常常会就某件事情、某个问题表达自己同意或反对的看法;而人们在表达同意或反对的看法时,所采用的语言表达手段,在现代汉语里是多种多样的,而且既有显性的直接采用表示同意、反对一类的词语,如"是""同意""完全赞成"和"不""反对""不同意"等;又有许多比较隐性的表达方式,请看下面对话:

(1)甲:小小年纪就会发明这类东西。

乙:真的不简单啊!"

(2)甲:你最近总是早出晚归啊?

乙:哪儿啊!

例(1)的答话实际表示同意,例(2)的答话实际表示否定意思。

该书不仅全面描写了现代汉语中表示同意或表示反对的种种不同的显性的和隐性的表达手段,包括运用肢体语言的方式等,都举例说明;而且还进一步说明了各不同语体、不同应用领域所选用的表示同意或反对的不同表达手段;而最后还从三方面进一步论述了同意、反对表达方式与汉语教学的关系——(一)外国汉语学习者在学习同意、反对表达方式时所遇到的问题;(二)外国汉语学习者学习同意、反对表达方式时出现问题的原因;(三)如何解决外国汉语学习者同意、反对表达方式存在的问题。

表达同意或反对时具体该用什么样的手段,这对母语为汉语的本族人来说,使用显性方式也好,隐性方式也好,比较自如,在理解上一般也都不会有问题,因为从小积聚了丰富的语感。可是对外族人、外国人来说,他们在表达同意或反对看法时,就不能确切地使用汉语应采用的表达手段,而对现代汉语中表达同意或反对的种种不同手段很缺乏了解,甚至不理解,特别是对隐性的那些表达方式。而目前关于表示同意、反对的语言表达方式,国外研究不多,国内更少研究。孙华推出的《走在城市的际线:汉语国际教育中同意与反对表达手段》,无疑填补了这方面的一个空白,无论就"教"或"学"哪一方面来说,都是极为需要的一本参考书。

孙华这一书稿有新意,其研究思路与方法对头、合理,所依据的研究分析理论为当今语言学方面的前沿理论,而她对国内外有关这方面的研究文献也掌握、了解得比较好。文字表达通畅明白,可读性强。我相信该书的出版,对汉语教学将会有直接的参考价值,而且对丰富语用学理论,特别是话语交际理论也将会作出一定的贡献。

《走在城市的际线:汉语国际教育中同意与反对表达手段》肯定会成为汉语教学"教"与"学"两方面都需要的一本书,今后肯定还会出版修订版。希望在出版修订版时,作者能适当增添有关各种不同的表示同意或反对的不同表达手段各自使用的语义背景,这样将会更有利于外国汉语学习者根据表达的需要自如地使用各不同的表达手段。是为序。

陆俭明

2019年6月12日

于蓝旗营寓所

前言

美国哲学家格赖斯于1967年提出了语用学方面的一种新理论——言外之意,语用学上称之为"会话含义"。这一理论指出,交际双方在交际过程中都必须遵守一些基本原则,即合作原则。如果在交际中,说话人的话语在表面上违反了合作原则,这时听话人就要根据当时的语境,推断出说话人真正意图,即了解他违反合作原则的隐含意义才能使交际不中断或不出现误解。人们在交际中,常常会就某件事情、某个问题表达自己同意或反对的看法。而在表达此类看法时所采用的语言表达方式多种多样:有时直接采用表示同意或反对一类的话语,即显性的,比如:"我同意你的说法!"或者说"我反对你的观点!"。但有时为了交际需要,则采用比较隐晦的表达方式,请看小说《来年》中的一段描写:

今年棉花价格又往上涨了许多。张有才对大伙儿说:"咱们明年改种棉花吧。"王凌抢着说:"我同意!今年种棉花的比我们强多了。"有才弟弟说:"我们哥就是有头脑、有眼光。"李茂才却持反对态度,说:"我不同意有才哥的想法,我们从没种过棉花,没那门子技术。"有才老婆也说:"我那老头子又在做白日梦了。"

对张有才改种棉花的提议,王凌和有才弟弟表示同意,李茂才和有才老婆表示反对,但表达手段各异——王凌和李茂才直接用"同意"、"不同意"这样的词语,采取的是一种显性的表达方式;而有才弟弟和有才老婆采用的是一种隐性的表达方式——有才弟弟用"我们哥就是有头脑、有眼光"表示赞同他哥哥的意见,有才老婆用"我那老头子又在做白日梦了"来表示反对张有才的意见。

如上实例,对说母语的人来说,表达同意或反对的看法,无论用显性手段或用隐性手段,在理解上一般都不会出现问题;可是对非母语的人来说,显性的同意、反对表达方式较容易理解，在言语交际中一般不会造成什么误解；但对隐性的同意、反对表达方式，他们就不一定能确切地知道是同意还是反对；而且不同的语言表示同意或反对的隐性表达方式也不相同。所以，迫切需要对会话含义中的同意与反对表达方式进行研究，否则就会给非母语的交际双方带来一定的障碍，这需引起双语国际教育者的充分注意。

现代汉语中，无论是书面语还是口语交际，人们总会就某件事情、某个问题表达自己的观点或看法——同意还是反对。生活中的同意、反对表达方式比比皆是，为了更好地研究同意、反对表达方式，本书从三个层面对同意、反对表达方式进行了分类：显性类、隐性类、非言语交际类。显性类就是按照词或句子的表面意思是同意还是反对来进行划分，即从表面的词或者句式表达上，就能直接看出说话者的观点是同意还是反对。隐性类分语义类和语用类。语义类的同意、反对表达方式很隐秘，句式表面看不出说话人想要表达的观点，只有通过语义分析之后，才能从字里行间知道是同意还是反对的意思；语用类是根据语用学理论，通过语境、合作原则、礼貌原则、言语行为理论、言语交际理论、会话含义、指示语和预设理论来论述话语的"言外之意、弦外之音"。这类表达方式的特点是从显性和语义上都看不出说话者所要表明的观点和态度，只有通过特定的语境，运用这些语用理论分析之后才能确切地知道是同意还是反对的观点。在日常生活中，人们除了使用言语交际手段之外，有时候也会使用非言语交际手段。非言语交际中的同意、反对表达方式是对言语交际理论的一种补充和延伸。非言语交际又可分成体态语类和副语言类。体态语类是指人们通过身体的一些手势、动作等来表达自己是同意还是反对的观点。副语言类又称辅助言语行为，根据说话者的语气、语调、沉默、重音、应答语即"嗯，啊"以及一些无意义的哭喊、呻吟、大笑等来表达同意还是反对的态度。

同意、反对表达方式在表义上也是多种多样的。同意表达方式包含的是"肯定"、"答应"、"赞扬"、"允许"等；反对表达方式表示的是"否定"、"拒绝"、"批评"、"禁止"等。按照语义可以把同意、反对表达方式概括分为：肯定、否定表达方式，答应、拒绝表达方式，赞扬、批评表达方式，允许、禁止表达方式。

同意、反对表达方式应用于许多场合，主要分为两类：书面语中的同意、反对表达方式和口语交际中的同意、反对表达方式。用在书面语中的同意、反对表达方式主要包括：合同、契约、协议书、会议文件、公益广告、标语、申请书等，其特点是显性用法较多。比如合同、契约、会议文件等，都是通过最简洁的"同意"、"反对"字样的签字或者加盖公章来表明同意、反对的观点。随着社会的发展，公益广告中的同意、反对表达方式也呈现出多样化的特点。而标语中的同意、反对表达方式具有明确性、直白性、针对性，具体表现为用词简洁、言简意赅、语义明晰。口语交际具有随意性的特点，所以同意、反对的表达方式也更复杂。为了更集中的论述，本书选取了有代表性的几个场合：课堂上、法庭上、商务谈判、日常交际、流行口语中的同意、反对表达方式，这些场合涵盖了同意、反对表达方式显性和隐性的特点。

研究同意、反对表达方式除了对语言学理论研究有重要的价值外，在实践上也有重要意义。随着汉语国际教育、华文教学和国内的对外汉语教学的迅猛发展，大量外国留学生来华学习汉语和文化知识，如何在汉语国际教育、华文教学和国内的对外汉语教学的课堂上，更好地传授同意、反对表达方式，让留学生快速融入汉语环境，提高口语和应试能力显得尤为重要。一般情况下，显性的同意、反对表达方式不是留学生学习的难点，而隐性的同意、反对表达方式往往让留学生感到十分困难，特别是会话含义的"隐含意义"尤其难以掌握。鉴于此，首先要找出留学生使用同意、反对表达方式在语义、语用、文化、非言语交际上所遇到问题的原因，根据思维差异、文化负迁移现象等来分析、对比中外使用同意、反对表达方式语言策略的共性和差异，从而更有针对性地对留学生进行同意、反对表达方式的教学，成功地进行跨文化交际。

内容简介

现代汉语中,无论是书面语还是口语交际,人们总会就某件事情、某个问题表达自己的观点或看法——同意还是反对。生活中的同意、反对表达方式比比皆是,为了更好地研究同意、反对表达方式,本书从三个层面对同意、反对表达方式进行了分类:显性类、隐性类、非言语交际类。显性类就是按照词或句子的表面意思是同意还是反对来进行划分,即从表面的词或者句式表达上,就能直接看出说话者的观点是同意还是反对。隐性类分语义类和语用类。语义类的同意、反对表达方式很隐秘,句式表面看不出说话人想要表达的观点,只有通过语义分析之后,才能从字里行间知道是同意还是反对的意思;语用类是根据语用学理论,通过语境、合作原则、礼貌原则、言语行为理论、言语交际理论、会话含义、指示语和预设理论来论述话语的"言外之意、弦外之音"。这类表达方式的特点是从显性和语义上都看不出说话者所要表明的观点和态度,只有通过特定的语境,运用这些语用理论分析之后才能确切地知道是同意还是反对的观点。在日常生活中,人们除了使用言语交际手段之外,有时候也会使用非言语交际手段。非言语交际中的同意、反对表达方式是对言语交际理论的一种补充和延伸。非言语交际又可分成体态语类和副语言类。体态语类是指人们通过身体的一些手势、动作等来表达自己是同意还是反对的观点。副语言类又称辅助言语行为,根据说话者的语气、语调、沉默、重音、应答语即"嗯,啊"以及一些无意义的哭喊、呻吟、大笑等来表达同意还是反对的态度。

同意、反对表达方式在表义上也是多种多样的。同意表达方式包含的是"肯定""答应""赞扬""允许"等;反对表达方式表示的是"否定""拒绝""批评""禁止"等。按照语义可以把同意、反对表达方式概括分为:肯定、否定表达方式,答应、拒绝表达方式,赞扬、批评表达方式,允许、禁止表达方式。

走在城市的际线：
汉语国际教育中同意与反对的表达手段

　　同意、反对表达方式应用于许多场合，主要分为两类：书面语中的同意、反对表达方式和口语交际中的同意、反对表达方式。用在书面语中的同意、反对表达方式主要包括：合同、契约、协议书、会议文件、公益广告、标语、申请书等，其特点是显性用法较多。如合同、契约、会议文件等，都是通过最简洁的"同意""反对"字样的签字或者加盖公章来表明同意、反对的观点。随着社会的发展，公益广告中的同意、反对表达方式也呈现出多样化的特点。而标语中的同意、反对表达方式具有明确性、直白性、针对性，具体表现为用词简洁、言简意赅、语义明晰。口语交际具有随意性的特点，所以同意、反对的表达方式也更复杂。为了更集中的论述，本书选取了有代表性的几个场合：课堂上、法庭上、商务谈判、日常交际、流行口语中的同意、反对表达方式，这些场合涵盖了同意、反对表达方式显性和隐性的特点。

　　研究同意、反对表达方式除了对语言学理论研究有重要的价值外，在实践上也有重要意义。随着汉语国际教育、华文教学和国内的对外汉语教学的迅猛发展，大量外国留学生来华学习汉语和文化知识，如何在汉语国际教育、华文教学和国内的对外汉语教学的课堂上，更好地传授同意、反对表达方式，让留学生快速融入汉语环境，提高口语和应试能力显得尤为重要。一般情况下，显性的同意、反对表达方式不是留学生学习的难点，而隐性的同意、反对表达方式往往让留学生感到十分困难，特别是会话含义的"隐含意义"尤其难以掌握。鉴于此，首先要找出留学生使用同意、反对表达方式在语义、语用、文化、非言语交际上所遇到问题的原因，根据思维差异、文化负迁移现象等来分析、对比中外使用同意、反对表达方式语言策略的共性和差异，从而更有针对性地对留学生进行同意、反对表达方式的教学，成功地进行跨文化交际。

目录 CONTENTS

绪　论 ·· 1
　　一、对同意、反对表达方式研究的实践意义和理论价值 ········· 1
　　二、现有的相关研究 ·· 4
　　三、同意、反对表达方式的定义 ······································ 6
　　四、研究理论及研究方法 ··· 6
　　五、小结 ·· 12

第一章　同意、反对的各种表达方式 ······································ 13

第一节　关于同意的表达方式 ·· 13
　　一、带有同意类的标志性动词 ··· 13
　　二、没有明显的表示同意的词语 ······································ 13
　　三、有表示反对的词语，但语义上却表示同意的意思 ·········· 14
　　四、反问中的同意表达方式 ·· 14
　　五、直接语言攻击中的同意表达方式 ································ 15
　　六、非言语交际中同意的表达方式 ··································· 15

第二节　关于反对的表达方式 ·· 21
　　一、由不、没、没有等构成的反对表达方式 ······················ 22
　　二、没有表示反对的词语，但是语义却是"反对"的意思 ······ 22
　　三、反问中的反对表达方式 ·· 23
　　四、直接语言攻击的反对表达方式 ··································· 23
　　五、非言语交际中的反对表达方式 ··································· 24

第三节　特殊的同意、反对表达方式 ····································· 31
　　一、特殊的同意表达方式 ··· 31

二、特殊的反对表达方式 …………………………………… 41

　第四节　语义相同的同意、反对表达方式 ………………………… 52

　　一、"一会儿"与"不一会儿" ……………………………… 53

　　二、"差点儿……"与"差点儿没……" …………………… 53

　　三、"难免……"与"难免不……" ………………………… 54

　　四、"当心……"与"当心别……" ………………………… 55

　　五、"好……"与"好不……" ……………………………… 56

　　六、"来……以前"与"没来……以前" …………………… 56

　　七、"非……不可"与"非……" …………………………… 57

　　八、"非……不成（行）"与"非……才成（行）" ………… 57

　第五节　小结 …………………………………………………………… 58

第二章　同意、反对表达方式的分类 ……………………………… 59

　第一节　显性类的同意、反对表达方式 …………………………… 59

　　一、显性类的同意表达方式 ………………………………… 59

　　二、显性类的反对表达方式 ………………………………… 61

　第二节　语义类的同意、反对表达方式 …………………………… 61

　　一、语义类的同意表达方式 ………………………………… 62

　　二、语义类的反对表达方式 ………………………………… 71

　第三节　语用类的同意、反对表达方式 …………………………… 74

　　一、语境中的同意、反对表达方式 ………………………… 74

　　二、会话含义中的同意、反对表达方式 …………………… 76

　　三、礼貌原则中的同意、反对表达方式 …………………… 81

　　四、言语行为中的同意、反对表达方式 …………………… 84

　　五、指示中的同意、反对表达方式 ………………………… 86

　　六、预设中的同意、反对表达方式 ………………………… 87

第四节　非言语交际类的同意、反对表达方式 …………………… 90
一、非言语交际 …………………………………………………… 90
二、非言语交际表现的手段 ……………………………………… 91
第五节　小结 …………………………………………………………… 101

第三章　同意、反对表达方式的表义内涵 …………………………… 103
第一节　肯定、否定表达方式 ………………………………………… 103
一、肯定表达方式 ………………………………………………… 103
二、否定表达方式 ………………………………………………… 104
第二节　答应、拒绝表达方式 ………………………………………… 109
一、答应表达方式 ………………………………………………… 110
二、拒绝表达方式 ………………………………………………… 110
第三节　赞扬、批评表达方式 ………………………………………… 121
一、赞扬表达方式 ………………………………………………… 122
二、批评表达方式 ………………………………………………… 128
第四节　允许、禁止表达方式 ………………………………………… 135
一、允许表达方式 ………………………………………………… 135
二、禁止表达方式 ………………………………………………… 138
第五节　小结 …………………………………………………………… 140

第四章　同意、反对表达方式所使用的场合 ………………………… 141
第一节　书面语中的同意、反对表达方式 …………………………… 141
一、书面语的内涵 ………………………………………………… 141
二、书面语的作用 ………………………………………………… 141
三、书面语中的同意、反对表达方式 …………………………… 142
第二节　口语交际中的同意、反对表达方式 ………………………… 150
一、课堂上的同意、反对表达方式 ……………………………… 151

二、法庭上的同意、反对表达方式……………………………… 157
　　三、商务谈判中的同意、反对表达方式…………………………… 163
　　四、日常交际中的同意、反对表达方式…………………………… 171
第三节　小结……………………………………………………………… 182

第五章　同意、反对表达方式与汉语教学…………………… 183
第一节　留学生在学习同意、反对表达方式时所遇到的问题……… 183
　　一、在语义上所遇到的问题……………………………………… 183
　　二、在语用上所遇到的问题……………………………………… 185
　　三、文化上所遇到的问题………………………………………… 185
　　四、非言语交际中所遇到的问题………………………………… 186
第二节　留学生学习同意、反对表达方式时出现问题的原因……… 186
　　一、中西方思维差异……………………………………………… 187
　　二、文化负迁移的影响…………………………………………… 189
第三节　如何解决留学生同意、反对表达方式存在的问题………… 191
　　一、对比分析中西方同意、反对表达方式……………………… 192
　　二、加强对留学生的文化教学…………………………………… 198
　　三、注意非言语交际的教学……………………………………… 202
第四节　小结……………………………………………………………… 205

结　语……………………………………………………………………… 206
　　一、总结…………………………………………………………… 206
　　二、本书的局限性和一些问题…………………………………… 206
　　三、进一步研究的问题…………………………………………… 207

参考文献………………………………………………………………… 209

绪 论

一、对同意、反对表达方式研究的实践意义和理论价值

人们在交际中，常常会就某件事情、某个问题表达自己同意或反对的看法。而人们在表达此类看法时所采用的语言手段多种多样：有时直接采用表示同意、反对一类的词语，有时则采用比较隐晦的表达方式。请看《来年》中的一段描写：

今年棉花价格又往上涨了许多。张有才对大伙儿说："咱们明年改种棉花吧。"王凌抢着说："我同意！今年种棉花的比我们强多了。"有才弟弟说："我们哥就是有头脑、有眼光。"李茂才却持反对态度，说："我不同意有才哥的想法，我们从没种过棉花，没那门子技术。"有才老婆也说："我那老头子是在做白日梦了。"

对张有才改种棉花的提议，王凌和有才弟弟表示同意，李茂才和有才老婆表示反对，但表达方式各异——王凌和李茂才直接用"同意""不同意"这样的词语，采取的是一种显性的表达方式；而有才弟弟和有才老婆采用的是一种隐性的表达方式——有才弟弟用"我们哥就是有头脑、有眼光"表示赞同他哥哥的意见，有才老婆用"我那老头子又在做白日梦了"来表示反对张有才的意见。

同意、反对表达方式在日常生活中俯拾即是，在文章和书籍中这类表达方式也随处可见，人们对此也司空见惯。对母语为汉语的人来说，表达同意或反对看法，无论用显性方式或用隐性方式，表达起来是很自在的，往往是不假思索的，在理解上一般也都不会出现问题。可是，对母语非汉语的外国人来说，即使是汉语学得比较好的，显性类的同意、反对表达方式，相对来说还较为容易表达或理解，在言语交际中一般不会造成什么误解；但是对隐性的同意、反对表达方式，他们就不一定能确切地知道是同意还是反对；再说不同的语言表示同意或反对的隐性表达方式也不相同。所以这种隐秘性就会给非母语的交际双方带来一定的障碍，无论在汉语国际教育中和在我们国内的对外汉

走在城市的际线：
汉语国际教育中同意与反对的表达手段

语教学中，都需要引起充分注意。为此我们认为同意、反对表达方式现象值得关注，有必要进行全面的考察、研究。同时，在现代汉语中有很多关于同意、反对的表达方式，尚没有任何论文或者书籍对此问题进行全面详细的论述。而我们在日常交际生活中，经常需要就对方的观点、见解或看法等做出"同意"或"不同意"的反应，也就是运用一种表达方式来表明自己对某件事或某个观点是"同意"还是"反对"。

一般人会认为"同意"的表达方式就只有意思"表示同意"义的词语，诸如"同意、可以、好的、行、就这么定了"等词语；表示"反对"的观点就是在同意的词语前加表示否定的词语"不"，如"不同意、不可以、不好、不行"等。但是事实上，在文学作品和日常交际中，我们会看到很多没有明显的表示同意或反对义的词语，但意思上却能体会到实际是在表示同意或反对的意思；反之，句子中有否定词，表面上是表示反对的句式，语义上却是同意的意思。譬如："我当时没有反对！？"这句话单从字面看，（没有反对）好像是表示"同意"的意思，可实际上是表示"反对"的意思，因为这是一个反问句。我们在日常生活、学习和工作中，也常常会遇到此类表达方式：句子表面上是用同意的表达方式来进行交际，但是语义上却表达一种反对的内涵。例如，一则对话：甲说：你去不？乙回答：你愿意去你去。表面上看来没有拒绝和反对的意思，也有表示同意的词语"愿意"，但是，其实句子的本身的内涵是反对和拒绝的意思。意思是"我才不去呢，你要是愿意去你自己去吧"，关于这样的例子不胜枚举。为了更好地进行交际和研究语言现象，这就不得不引起我们的关注和进行深入细致地研究。同时，在生活中，无论人们谈论什么事情，总是在表达自己的观点和想法，这就要求听话者对此作出适当的反应。那么，如何表达自己的同意、反对观点，使交际顺利进行，就有必要对同意、反对的表达方式进行全面的探讨，以促进语言学理论的研究。

对同意、反对表达方式的研究，首先具有重要的实践指导意义。有时，由于谈话对象和语境不同，表示"同意"或"不同意"所使用的语体和语言结构也不相同。在日常生活中，人们经常会表达自己的看法和意见，其表达方式也因人、因事而异。或慷慨激昂，或低声细语；或开门见山，或拐弯抹角；或畅所欲言，或吞吞吐吐；或一语道破，或闪烁其词，如此等等，不一而足。一般来说，人们都喜欢他人赞同自己的说法，然而，有些时候也会不可避免地出现一些异议。表示同意某人某事观点时相对而言比较容易些，而表示反对则要注意当时的场合以及对方与自己的关系，一般尽量采用比较婉转客气的表达方式，以免令对方不快。这样就需要掌握一些语言策略，如礼貌原则、合作原则等。口语中表示赞同对方意见时往往可直截了当，因为这是使对方感到高兴或者满意的事，而不是说些反对意见而使对方难堪，常用的句式有：当然（可以）；没问题；是的，请吧；是的，我想是这样；很对；对；行；这是个好主意；……是个好主意；……我同意你的意见……。表示不同意别人观点时，在有的场合应委婉表达自己的不同见解，这样不易伤害对方的感情，以缓和气氛，便于别人重新考虑自己的观点。但在另外的场合，如遇到原则的分歧，或者必须明确表示不同意见时，则应直截了当地说出。例如：不，不是这样；我想恐怕不是这样；我希望不是这样。

  在日常交际中，有时需要用一些介于同意或不同意之间的表达方式，即表示部分同意的句子，常见的如：我懂你的意思；是的；也许是这样；有可能；你可能是对的。中国是个礼仪之邦，我们平时在跟人交往的过程中，要注意说话的方式，尤其是拒绝别人要讲究艺术，努力做到：婉言谢绝给面子，直言拒绝讲原则。

  更值得注意的是，语言教学实践告诉我们，对母语为汉语的人来说，表达同意或反对看法，无论用显性方式或用隐性方式，表达起来是很自在的，往往是不假思索的，在理解上一般也都不会出现问题。可是，对母语非汉语的外族人或外国人来说，即使是汉语学得比较好的，显性类的同意、反对表达方式，相对来说还较为容易表达或理解，在言语交际中一般不会造成什么误解；但是对隐性的同意、反对表达方式，他们就不一定能确切地知道是同意还是反对，更不会应用；而且不同的语言表示同意或反对的隐性表达方式也不相同。所以这种隐秘性就会给非母语的交际双方带来一定的障碍，无论在汉语国际教育、华文教学和在我们国内开展的对外汉语教学中，都需要引起充分注意。

  再说在汉语国际教育、华文教学和国内的对外汉语教学中，由于学生来自不同的国家，有不同的文化背景，如何使留学生理解和掌握现代汉语中表示同意、反对的表达方式，更是非常重要的。同时，同意、反对表达方式研究涉及诸多语言学理论，如言语交际理论、非言语交际理论、语用学理论等。因此，在相关理论指导下，做这个问题的研究，具有重要的实践意义。

对"同意""反对"表达方式的研究，也具有重要的理论价值。对于任何一件事，人们总有个看法，要么同意，要么不同意。也有保持中立的时候，但并非是因为他们没有个人的观点，而大多是因为他们不想（或不便）表达自己或是或非的意见而中立或沉默。在现实生活中，人们发表意见、看法的场合俯拾即是，如对一件事或一个人，看一场电影，听一个报告，人们往往品头论足一番，这其中就有同意和不同意之分。不管谈论什么事情，人们总是在表达着自己的观点和想法，这就要求听者对此作出适当的反应。因此，同意、反对表达方式广泛应用于书面语、课堂上、日常口语交际、社交礼仪、法庭上、商务谈判等各个方面。此前尚没有学者对同意、反对表达方式进行详细而全面的研究，因此缜密细致地探讨该论题是非常必要的。正因为如此，关于应该怎样研究同意、反对表达方式，包括：具体的研究内容有哪些，应该选取哪些理论，采用哪些研究方法，按照什么样的分析框架来对同意、反对表达方式进行分析等等，都是语言研究中值得深入探讨的问题。这些研究工作对于充实语言学研究，特别是关于话语交际的理论和方法，都有重要的价值。

二、现有的相关研究

关于同意、反对的研究，特别是现代汉语中关于这个问题的探讨，只有寥寥数篇。为了更好地解决问题，我们通过各种途径查找有关的文献资料。只要涉及同意和反对的论文就划入参考之列，但是只找到了以下几篇稍微相关的论文：

于国治《"同意"与"不同意"的英语表达方式》（1994）一文，阐述了在英语口语中，经常需要就对方的观点、见解或看法等做出"同意"或"不同意"的反应。由于谈话对象和语境不同，表示"同意"或"不同意"所使用的语体和语言结构也就不相同。

刘小武《表示"同意"的一组词的词义辨析》（2002）一文，主要针对几个英语单词的词义辨析，在基本掌握这些词汇的用法和特点的情况下，加深对其词义的理解，扩展这些词的运用，以达到完全掌握之目的。

欧阳明磊《"不同意"与"不愿意"的口语表达方式》（2003）一文，论述了俄语中表示"不同意"与"不愿意"意义的常用语句，以及一些有口语色彩的表达方式，并从语义上进行分析。这类用语的表达主要采用反诘、推论、引用、举例、打岔等方法，回避谈话对方提出的请求、要求或建议，巧妙而幽默地表明说话人的"不同意""不愿意"态度。

杨艳秋《同意与不同意》（2003）一文，阐述了英语口语中表示赞同别人的意见可以直截了当，因为是使对方高兴的事情，不会使对方不愉快，但是在表示不同意别人观点时，在有的场合应该委婉表达自己的不同见解，这样不易伤害对方的感情，便于进行和谐交际。论文还提出了英语中有些句式是介于同意和不同意之间的表达方式。

王建平《"同意与否"的表达方式》（2004）一文，把在交际英语中的同意和不同意简单分类，分成同意、含糊其辞同意、不同意、委婉不同意。

吴雪花《表示同意和不同意别人观点时所采用的策略研究》（2005）一文，主要阐述了日常生活中对别人观点表示同意和不同意的言语行为，调查中国外语学习者在实施对别人观点回答的言语行为时所使用礼貌策略，研究了涉及个人和社会地位因素对策略使用的影响。

张言军《"同意"类动词初探》（2005）一文，主要表述在现代汉语中，表达"赞成"这一概念的动词有很多，其中使用频率最高的三个动词为：答应、同意、允许，根据它们共有的语义特征，可称为"同意类"动词，它们在语法、语义上都有各自的特点。该文主要讨论了以下三个问题：（1）"同意类"动词的语法特征；（2）"同意类"动词的语义特征及其对句中共现成分的语义要求；（3）由"同意类"动词构成的"同意类"动词句的句法分析。

卓童《同意不同意》（2006）一文，列出了英语表示同意的几个词组，以及它们之间在使用上的区别。

童红灯《对话中"同意"的表达方法》（2007）一文，主要阐述了在英语听力考试中，首先要听懂第一个人在说什么，其次要注意第二个人是表示同意还是不同意。除了Yes，OK以外，英美人表示"同意"的方式还有很多，主要通过部分英语单词和英语句式就表示"同意"的表达方法作一些介绍，以帮助大家提高听力。

此外也还有些文章有所谈及。上述研究成果对我们的研究具有一定的启发性，但对我们这个研究课题来说，是远远不够的，目前我们还没有找到对该论题进行系统、详尽论述的文章或著作，但这也为我们研究这个问题留下了广阔的探索空间。研究现状表明，对现代汉语中同意、反对表达方式的研究，有深入全面探讨的必要。

三、同意、反对表达方式的定义

"同意"是与"反对"相对、相反的言语行为。在现代汉语中，最典型的同意显性标记是"同意""是的""对"等；最典型的反对显性标记是"反对""不是""不同意"等。但是，在人们的会话中，还同时存在着大量不使用显性标记词的表达方式。同意、反对表达方式可以是一个会话中的话轮（一个说话者在会话过程中从开始说话起直到停止说话或者被别人打断、替代为止所说出的一席话），可以是一个句子，可以是一个小句，也可以是一个词。这里，凡是对事物做出"同意、答应、答允、肯定、许可、允许、赞成、赞同、赞许、准许、表扬"等意义的判断都属于"同意"表达方式；凡是对事物做出"反对、否认、否定、拒绝、抑制、禁止、阻碍、言非、示否、批评"等意义的判断都属于反对，即把对事物的属性或关系的否定判断，对言语及其行为的消极评价及表达出来的消极态度与同意相对、相反的，统称为反对。

四、研究理论及研究方法

本书的研究属于应用语言学范畴，同时跨语言学的多个研究领域。但是每个研究领域内又都没有直接针对同意、反对表达方式进行研究的先例。所以我们不仅要借鉴语言学研究中相关的理论和方法，而且还要从社会学、言语交际理论等学科中借鉴一些相关理论和方法，然后做出自己的探索性研究。本研究涉及的理论方法主要有下面一些。

（一）研究理论

1. 言语交际理论及相关研究

言语交际学是研究言语交际现象及其规律的一门语言学分支学科，而不是以社交为研究对象的社会学分支学科。言语交际学的出发点和落脚点，都是为了研究语言用于交际的运动状态，揭示其语用规律，因此它一开始就是站在语言科学阵地上来考察言语交际现象的（刘焕辉，1997）。语言是一种特殊的社会现象，其特殊就在于它是专为适应人类交际需要而产生、存在和发展的，它的生命和存在价值就在于交际，离开了人们的社会交际，语言既不能产生也不能存在和发展。言语交际学抓住语言这一社会现象的特殊性，从交际的角度来研究语言，而不是把语言以外的其他社会因素列作研究对象，即使涉及有关社会因素，目的还在于考察这些因素对言语交际所产生的影响。任何领域、任何形式的言语交际都必然包括同意、反对的表达方式，如赞扬、批评、答应、拒绝等，这种表达方式有时候会直接影响言语交际是否能成功进行。因此，为了最大限度地加大成功交际的可能性，减少在交际过程中产生的误解、尴尬以及冒犯，对该课题进行全面研究是很有必要的。

2. 非言语交际理论

（1）非言语交际理论的内涵。

"非言语交际包括在交际的环境中言语行为之外的一切由人类和环境所产生的刺激，这些刺激对于信息发出者和接受者都具有潜在信息价值或意义"（胡文仲，1995）。人际交流是通过两种形式进行的，即言语行为和非言语行为，人们对非言语行为参与人际交往早有认识，但没有成为学科性研究。非言语交际最开始是一种没有人论述的、无人了解的、但人人都明白的精心设计的码，随着研究的逐步展开，人们开始注意到这种不属于自然语言体系的符号在交际中的重要地位，认为它是符号传递和交流的过程，具有语言一样的社会属性。

（2）非言语交际的主要形式。

①体态语类。

体态语是语言的一种，属于非言语性的语言，是由人的面部表情、身体姿势、肢体动作和体位变化而构成的一个图像符号系统，是人们在长期的交际中形成的一种约定俗成的自然符号。体态语以其视觉可感性区别于有声语言和其他声音符号，又以其自然性、民族性和社会性区别于聋哑手语、交警手势等统一规定的体态符号，也因其具有的信息功能和交际功能而不同于人的生理行为（崔爱勇，2001），它可以分为以下两种：

A.身势语行为。

是指通过人的肢体行为来传递信息的一种交际方式。人的身体各部分如运动肌肉的伸缩可以通过视觉感受到，因此可以用来表达和交流信息、感情和态度。它包括目光语、触摸行为、姿势、手势语、面部表情等。

B.体距语行为。

是交际者利用空间距离进行交流的非言语行为。若仔细观察人们日常中的交往，就会发现交际者之间都保持着一定的交际距离，这种距离在交际过程中不断进行变化。

②副语言类。

副语言又叫辅助言语行为。除了语言之外，人类发声器官还会发出一些非语言性质的（排除在传统的语言分析之外的）边缘性或有选择性的声音，它们没有固定语义，但辅助语言亦起着交流信息的作用，这就是辅助语或伴随语。常见的形式有：显示发音特征但无意义的声音，如大笑、呻吟、哭喊、咳嗽、叹息等；体现抑扬顿挫、高低强弱等这些语音变化特色的音高、音量、重音等诸多因素；用于填补停顿的非词语，如"嗯""啊""哼"等。

3. 语用学理论

（1）会话合作原则。

格莱斯（Grice，1967）认为，会话双方之所以能够进行交流是因为他们都遵守一些基本原则，这些原则使双方在会话中互相配合，以达到互相理解的目的，这就是会话合作原则。也就是说，合作原则要求每一个交谈参与者在整个交谈过程中所说的话符合这次交谈的目标，它包含四个准则：量的准则——话语提供必要而不是冗余的信息；质的原则——话语内容是真实的；关系准则——要说与特定语境中话题有关的内容；方式准则——表达方式要清楚明白，简洁而有条理。格莱斯认为交际的双方必须遵从这些准则才能配合默契,交际才能顺利地进行,如果违反了这些准则,就可能产生误解。

(2)礼貌原则。

有时谈话方会故意违反合作原则,这是由于礼貌原则的影响。礼貌原则是由英国著名的学者利奇(Leech,1983)在合作原则的基础上提出来的,是与格赖斯的合作原则互为补充的又一语用原则。其中包括六项内容:体量准则——尽量减少他人付出的代价,尽量增加对他人的益处;慷慨准则——尽量减少对自己的益处,尽量增大自己付出的代价;赞扬准则——尽量缩小对他人的批评,尽量增加对他人的赞扬;谦逊准则——尽量缩小对自己的赞扬,尽量夸大对自己的批评;一致准则——尽量缩小与他人的不同意见,尽量夸大与他人的相同意见;同情准则——尽量缩小对他人的厌恶,尽量夸大对他人的同情。从利奇的礼貌原则中我们可以得出这样的规律:说话人总是尽量多地给听话人一点好处,尽量让自己吃亏使对方感到受尊重。利奇认为合作原则是需要的,但不能充分解释会话隐含义,而礼貌原则解释了合作原则所无法解释的问题,合作原则的补充,可以共同解释会话隐涵,并认为礼貌原则"挽救"了合作原则。

拒绝本身也是一种反对,是一种必须违背对方意愿的言语行为,带有破坏人际关系的危险性。对于讲母语的人或必须要用第二种语言来表达的外语学习者来讲,都是一种比较难处理的行为。如果处理不好的话,很可能会招致误解甚至导致交际的失败。根据礼貌原则,拒绝在本质上是一种威胁请求者正面子的面子威胁行为。因此,在这种情况下,拒绝者为了不伤害被拒绝者的感情,势必会使用一些策略减缓对受话者面子的威胁,从言语的形式上尽量增大与受话者的一致性,以不损坏双方关系为前提实现交际的目的。

(3)合作原则与礼貌原则的相互关系。

礼貌原则与合作原则之间的关系十分密切。合作原则在会话中起着调节双方说话内容的作用,它使对方在乐于合作的前提下能进行交际。但礼貌原则具有更高一层的调节作用,是制约语用的关键,为了恪守礼貌原则,人们甚至不得不牺牲合作原则。合作原则和礼貌原则之间存在着相互交融、相互制约的关系。如果合作原则占优势,即会话双方积极遵守合作原则,那么礼貌原则就只占劣势，即会话双方只能消极遵守礼貌原则。同理，如果合作原则占劣势，即会话双方消极遵守合作原则，那么礼貌原则就占优势，即会话双方就会积极遵守礼貌原则。在某种程度上遵守合作原则，就要在相同程度上贬损礼貌原则；同样，在多大程度上遵守礼貌原则，也就要在相同程度上违反合作原则（何学德，2005）。另外，两者之间还存在一种互补的关系，在言语交际中具有互补性。合作原则占的份额越大，礼貌原则占的份额就越小，反之亦然。

（4）语境。

按照一般意义理解，语境这个概念只是语言的上下文，实际上，语境概念是一个很宽泛的范畴。传统语用学注意到了人的知识因素和具体语境因素，并把语用推理看成是人的知识加上具体语境的综合语境推理过程。从认知语言学的角度看，传统语境概念忽视了交际双方的心理状态，语用推理并不一定要依赖具体的语境。如果我们仔细梳理一下传统语言学和认知语言学的语境概念，就可以综合出这样的一个语境概念来：语境是在交际双方语言交际中，以认知结构为基础，由语言本身、交际背景及交际者构成的语言交际环境（陈霞，2003）。

（5）言语行为理论。

言语行为理论的创始人是英国哲学家奥斯汀（John Austin，1962），"言则行"是奥斯汀言语行为理论的基本思想。奥斯汀认为一个完整的言语行为，多数情况下同时实施了三种行为：以言指事行为、以言行事行为、以言成事行为。以言指事行为是"言之发"，以言行事行为指说话人旨在通过话语实施某个交际目的或者执行某个特定功能的行为。以言成事行为表示言后之力，指的是某句话说出之后在听话人身上产生的效果。塞尔（Searle，1969）认为，说出某种语言就是在实施言语行为，指说话人通过话语传达意图、目的，如做出陈述、发出命令、提出问题、做出承诺等。他认为，间接言语行为是一种以言行事（言外之力）通过另一种以言行事的表达方式间接实现的。

（6）预设。

预设，又叫"前提"，原是哲学、逻辑学研究的问题，现在也是语用学研究的重要课题。何自然（1958）认为："'前提'也是一种语用推论，它以实际的语言结构意义为根据，靠逻辑概念、语义、语境等推断出话语的先决条件。"合作原则是进行交际的基础，违反合作原则，一般会有碍交际的正常进行。但在实际交际中，人们常常违反合作原则，却又能成功地进行交际，这就是语用前提——预设起着必不可少的作用。预设是一种语用理论，它以实际的语言结构意义为根据，依靠逻辑推理、语义、语境等推断出话语的先决条件，听话人可以依据这一条件，对"不合作"的话语进行推理、补偿、纠正和澄清，从而理解说话人的言外之意，并使交际达到目的。

（7）会话含义。

格赖斯（Glice，1967）在《逻辑与会话》一文中提出了"合作原则"和"会话含义"理论，文中着重论述了"合作原则"的具体内容以及如何制约"会话含义"产生的过程。他认为人们在话语交际中，所要传达的往往要比实际上所说的多，这种说话者所传达的超出字面的意思就称为含义，会话含义有助于解释听话人如何理解话语的意图。

人们进行交谈时会受一定条件制约，但是双方之所以不会说出一连串互不连贯毫不相干的话语，是因为会话者相互合作，共同遵循一个目的或者一组目的，会话双方都要共同遵守一个原则，使自己的话语符合各方共同目的之需要。格赖斯把这个需要共同遵守的原则称为"合作原则"。此外，格赖斯还引入了四个准则来阐释合作原则（陈春香，2007）。

（8）指示和指示语。

指示是指在语言信息的传递活动之中，与说话人的知觉相关的语言表现部分，是语用学的重要理论之一；指示语就是其所指必须在一定情景（语境）之中，依赖与其发生关系的参照物或所指对象才能确定的词语（转引自徐晓红，2008）。列文森（Levinson，1983）认为，话语和语境之间的关系是通过指示语才明显地在语言结构上表现出来的，他把指示语分为五类，即人称指示语、地点指示语、时间指示语、社会指示语和篇章指示语。

（二）研究方法

我们主要以现实生活中实际使用的语言表达方式为观察对象，联系语言使用者、语言使用的场合以及交际对象等社会环境方面的因素，发现、归纳同意、反对表达方式使用的特点和规律，并结合语用、文化等方面的因素对同意、反对表达方式进行阐释。

在具体研究中，我们将采用定量与定性相结合的研究方法。定量的方法是获取作为研究基础之语言材料的主要方法。将采用抽样调查的方法，借助访谈等手段，获取研究所需的各种语料，然后用统计的方法对调查获取的资料进行量化处理，求出语言表达方式使用的频率和概率。在研究工作的某些环节和方面，还将采用定性的研究方法，如在前期准备时，对文献资料的搜集和整理，以及结合社会、文化等因素对调查资料进行的分析和研究等，都属于定性的研究工作。

在操作层面上，我们的研究方法可以细分为"获取语料的方法"和"分析方法"两类方法。

1. **语料来源及获取方法**

本书的语料来源于文学作品、北大语料库以及生活中的实际对话。主要包括文献法、访谈法、问卷法等方法。文章中未标注出处的例句全部源于自选。

2. **分析研究语料的方法**

（1）实例分析法。用实例与句法分析相结合来描写同意、反对表达方式，归纳出其主要的特点和使用规律。

（2）比较分析法。主要用于分析母语、第二语言使用者在同意、反对表达方式使用上的差异。

（3）统计分析法。主要用于整理调查获取的语言材料，在对学生进行问卷调查时进行统计分析数据，以期做出合理的解释。

五、小结

本章主要论述了选题宗旨、原因、主要研究内容和研究意义，同时对相关研究作了综述，并分析了选题研究的理论即言语交际理论、非言语交际理论、语用理论和研究方法即文献法、访谈法、问卷法、分析法等。

第一章

同意、反对的各种表达方式

第一节　关于同意的表达方式

在现代汉语中，关于同意的表达方式很多。"同意"在《现代汉语词典》的释义如下：动词，对某种主张表示相同的意见；赞成；准许：我的意见你~吗？｜上级会~你们的要求。本节中的例子除了个别标明出处之外，其余均来自日常生活中个人搜集的例子。

一、带有同意类的标志性动词

下列例句都带有标志性动词：

[1] 现在，这顿饭是冠先生给他的，他就该完全同意饭主子说的。（老舍，《四世同堂》）

[2] 尼克松同意地点了点头。（张大富、甘远志，《尼克松的对华政策谋士》）

[3] 东阳，事情我们答应下了！（老舍，《四世同堂》）

由以上的例子我们可以看出，在现代汉语中，表达"同意"这一概念的动词有很多，例如：答应、同意。另外还有许可、允许、赞成、赞同、赞许、准许等。其中使用频率最高的三个动词为：答应、同意、允许（张言军，2005）。

二、没有明显的表示同意的词语

这类表达方式在表面上没有明显的表示同意的词语，但是在交际中可以通过回答的话语显示其语义上是同意的意思。如以下各例：

　　［4］甲：小吴学习可真好！

　　　　乙：你算说对了。

　　［5］甲：你很喜欢你现在的老师？

　　　　乙：当然。

　　［6］甲：总有一天她会得到教训。

　　　　乙：确实，等着瞧吧。

这类句子的特点是：句子表面上没有任何关于同意表达方式的词语，但是，句意却是一种同意的表达方式。类似的回答有"行，可以，愿意，好，就这么定了，只要你喜欢……"。

三、有表示反对的词语，但语义上却表示同意的意思

汉语中，有些形式上是"反对"的表达方式，而内容却是"同意"的内涵，即：反对形式表示同意意义，是一种同意与反对不对称的表达方式。例如：

　　［7］甲：听说老陈辞职经商去了，也许这是个不错的选择。

　　　　乙：正常，哪有人不希望自己发财啊。

　　［8］甲：你说，连小刘也在里面掺和，也想和他一起去。

　　　　乙：可不，没谁不想跟着他一起去。

　　［9］甲：我今天对学生的批评有些狠了是吧？

　　　　乙：你再怎么批评都不过分。

例［7］中的乙在回答时虽然用了"不"表示反对的词语如"不希望，不想，不过分"，但话语的意思是同意甲的观点，认为老陈辞职经商没什么，人人都希望自己能发财。例［8］、例［9］的乙在回答中也用了"不"表示反对的词语，但话语的意思却是同意甲的观点。

四、反问中的同意表达方式

　　［10］甲：都说张老师上课很不错，也不知道真假。

　　　　乙：难道不是真的吗？

[11] 甲：这个人品质好像不怎么样。

乙：你不觉得吗？

例[10]、例[11]通过两个反问的句子，意思是："你别怀疑了，确实是真的"，表达了同意的观点。

五、直接语言攻击中的同意表达方式

[12] 男孩：我喜欢你。

女孩：讨厌！

[13] 男孩：你让我等得好苦啊。

女孩：恨你！

例[12]中的女孩直接对男孩的话语进行了语言反击，直白地表达出讨厌对方的言语含义，而她同时却拉近两人身体的距离，露出羞赧、甜蜜的面部表情，则表示喜爱对方，与言语含义恰恰相反。同样，例[13]女孩对男孩说"恨你"，而她说话时却双目含笑，语调温柔，男孩听了并不会感到是一种威胁和紧张，反而感到更加亲近与幸福。

六、非言语交际中同意的表达方式

非言语交际中的同意表达方式分成体态语、副语言两类，体态语中的同意表达方式又分成六类：身体动作语、头部动作语、面部表情动作语、四肢动作语、体触、行为动作。副语言类分成四类：语音修饰符号、语音区别符号、语音分隔符号、语音替代符号。分述如下：

（一）体态语中的同意表达方式

1. 身体动作语

[14] 母亲：女儿！

女儿：妈妈！

冲过去，扑进了妈妈的怀抱。

[15] 女友：我经过考虑，还是想和你在一起。

男友紧紧地搂住了她。

[16] 儿子：我今年能上春晚！

母亲激动地浑身颤抖。

2. 头部动作语

[17] 学生：我这个项目做得还可以吧？

校长很高兴地点了点头。

[18] 老教授看着学生们认认真真地做实验，不住地颔首微笑。

3. 面部表情动作语

（1）眼睛。

[19] 孙子：我的事业已经上了一个台阶。

爷爷带着爱意，目光慈祥地看着他。

[20] 甲：晚上我请你看电影吧！

乙眼波流动，神采飞扬，一副小鸟依人的样子。

[21] 甲：你真是神枪手啊，百发百中！

乙调皮地眨了眨眼睛。

（2）脸色。

[22] 甲：愿意做我的女朋友吗？我会一辈子对你好的。

乙脸色绯红，欲语还休，极不自然地低下了头。

[23] 甲：如果明晚有空，可以和我去喝杯咖啡吗？

乙瞬间睁大双眼，脸上浮现欢喜之色——

（3）眉毛。

[24] 甲：你还真行！

乙扬了扬眉毛。

[25] 丈夫：别在娘家待着了，孩子都想你了，跟我回家吧！

妻子不作声，却低眉顺眼地扯着衣角，欲语还休的样子。

（4）嘴巴。

[26] 你看这张画，真是美极了！

乙惊讶地把嘴巴张成了"O"字型。

[27] 小李：领导对你的工作满意吗？

小张两手插兜，吹着欢快的口哨出去了。

[28] 男孩：看我这次在你父母面前的表现还很不错吧？

女孩抿着嘴微笑了一下。

[29] 男生：喜欢这个礼物吧？

女孩高兴地在男友刚给的布袋熊身上吻了又吻。

（5）舌头。

[30] 老师：你看你这个作业做的，像什么样子！

学生偷偷地吐了吐舌头。

[31] 学习委员：昨天老师留的作业呢？

学生张开嘴，伸出舌头——

例[31]的意思是天啊，忘记写了，或者才想起来，或者写了没带。

（6）鼻子。

[32] 男人：你真是个小懒虫。

女朋友懒懒地赖在男朋友身边，哼哼唧唧地撒着娇。

4. 四肢动作语

（1）手部动作语。

①手势语。

[33] 甲：你可真厉害！

乙拱手表示——

[34] 爸爸：考试成绩怎么样？

儿子用手指做出"V"字型。

[35] 战士：缴枪不杀！

敌人纷纷地举起双手，投降了。

另外，还有"不好意思地用手挠头""竖大拇指""用手做出OK的姿势"等。

②握手语。

[36] 甲：他用探寻的目光问：还生气？

乙伸出手，重重地和他一握。

例［36］说明和解了以往的恩怨，重新开始信任和继续友谊。

③鼓掌语。

［37］他讲了一个令人捧腹的幽默，还没等说完，下面响起了雷鸣般的掌声，并夹杂着"再来一个"的喧嚷声。

④挥手语。

［38］他挥着手说：就这么定了。

［39］警察举起手示意旁边车内的司机可以通过了。

（2）腿部和脚部动作语。

［40］父亲：你还有脸回来啊！

　　　儿子双腿一软跪在地上——

［41］他高兴在地板上蹦蹦跳跳。

［42］看到了同班同学冲到了前面，他立刻跺脚大喊：加油！加油！

（3）体姿动作语。

①坐姿语。

［43］男人：我挺喜欢你的。

　　　女人立刻把凳子挪得离这个男人近一些说：谢谢哦！

②立姿语。

［44］父亲见儿子考试考的如此不好，还经常撒谎逃课，就大喝一声：你给我滚！

　　　儿子立刻蔫头耷脑，呆呆地站在那里，搓着手，不知道该不该离开。

例［44］说明儿子意识到自己做的不对而满心愧疚。

③步姿语。

［45］经理：迅速地把货品装到位！

　　　秘书片刻未曾停留，脚步匆匆地走了。

［46］爸爸：（在门外等候，看见儿子从老师办公室出来）老师怎么说的？儿子不说话，一蹦三尺高，脸上都是喜悦之情。

［47］主任：事情办成了吧？

　　　科员没说话，从经理室出来，吹着口哨，迈着轻盈的步子走了。

5. 体触

[48] 监狱长（抱着一个熟睡的孩子）：是不是想孩子了？

女囚犯抚摸着儿子睡梦中的脸，满心的愧疚，眼泪迅速流下来。

6. 行为动作

[49] 李宇春：大家是否喜欢这首新歌？

粉丝们如潮水般涌过来，都想近距离地看看自己所崇拜的偶像。在人群中不断地大喊，一边朝着她抛鲜花和狂吼：我们爱你！一边有人向她抛飞吻。

[50] 父亲：这回可不能再犯同样的错误。

母亲紧紧拽着刚刚走失回家的儿子，生怕再次突然消失了。

（二）副语言中的同意表达方式

1. 语音修饰符号

包括夹杂在言语中哭叫、呻吟、悲叹、笑声、尖叫与低语、打嗝与打呵欠等。

[51] 甲：你看他父母对她多好！

乙：是啊，可怜天下父母心啊！

[52] 甲：你看你今天表现得多棒！

乙：哈哈——

2. 语音区别符号

包括声音响度、音高、音速、音量的变化、语调、语气、重音等。

（1）语调中的同意表达方式。

[53] 儿子：我这么做没给咱们村子里人丢脸吧？

父亲（颤抖着喃喃自语）：我没白疼你。

例[53]表明了父亲很高兴，认为自己的儿子有出息，并为此激动万分。

（2）语气中表示同意的表达方式。

①陈述语气：

[54] 甲：小李是一个很有前途的研究生。

乙：小李确实很有前途。

②疑问语气：

［55］你不认为小李是一个有前途的研究生吗？

例［55］用疑问的语气来强调小李就是一个有前途的研究生。

③祈使语气：

［56］甲：（抱怨说）太吵了！

乙：是该小点声。

［57］甲：再来点吃的？

乙：再来点！

④感叹语气：

［58］甲：小小年纪就会发明这类东西。

乙：真的不简单啊！

［59］甲：真没想到会是这样的结果！

乙：唉——世态炎凉啊！

［60］丈夫：也不知道孩子的病什么时候能好起来！

妻子：唉——

（3）重音中的同意表达方式。

［61］甲：听说张老师的文学造诣特别深厚。

乙：<u>大家</u>都这么说。

［62］甲：小刘和小王在研究上很有一套。

乙：<u>小刘</u>确实厉害。

［63］甲：书和杂志都是你的吗？

乙：<u>这本书</u>是我的。

例［61］中的乙把重音加在了"大家"上，意思是同意甲的看法，所有人都这么认为。例［62］中的乙把重音加在了"小刘"上面，意思是我同意你的观点，小刘在搞研究上面确实很有方法和水平。至于另一个小王，乙没有给出明确的看法。例［63］释义同上。

3. 语音分隔符号

包括"嗯，吧，啊，哦"一类的有声符号、话语中的停顿、沉默等。

（1）停顿中的同意表达方式。

[64] 甲：你不去看看她？

乙：（停顿）那——好吧。

[65] 妻子：你明天尽量早点回来吧！

丈夫：明天我要回来得很晚——你肯定会不高兴的。

例[64]中的甲的意思是本想拒绝，犹豫了一下，最后还是遵从了甲的建议，同意去看她。例[65]中妻子在听了丈夫的前半句话肯定会一愣或者失望，造成误会，但是停顿之后说出的后半句，同意早点回来，解除了误会，让妻子感到欢欣鼓舞。

（2）沉默中的同意表达方式。

[66] 男：都是我不好，别生气了，和我回家吧！

女没说话，沉默着，却顺从地拉起他伸过来的手。

[67] 男士：嫁给我吧！

女士深深地低下头，保持沉默，一言未语，脸上泛着幸福的红晕。

4. 语音替代符号

包括"嗯，哟，嘻"等应答词、感叹词、语气词等。

[68] 妈妈：莉莉，去把你的房间好好收拾一下。

莉莉：嗯。

[69] 爸爸：你把昨天老师留的作业做完。

儿子：啊。

[70] 甲：你看那个演员演得多好啊！

乙：啧！啧！

第二节 关于反对的表达方式

"反对"在《现代汉语词典》的释义如下：动词，不赞成，不同意：～侵略｜

走在城市的际线：
汉语国际教育中同意与反对的表达手段

~平均主义｜有~的意见没有？反对的反义词是：赞成、赞扬、支持、同意、拥护等。反对的同义词有：抗议、抵制、反驳、拒绝、禁止等。

一、由不、没、没有等构成的反对表达方式

难免、别、非、未、不必、不用（甭）等也属于此类。

［1］甲：我想去西湖旅游一圈儿。

乙：我不去。

［2］甲：外面下雨，让他用车子送你回去吧。

乙：不必了。

［3］妈妈：快点去厨房端碗水来。

儿子：不！

［4］甲：你愿意和奶奶回家吗？

乙：不愿意。

二、没有表示反对的词语，但是语义却是"反对"的意思

［5］甲：我这样做行吗？

乙：你说这样做行吗？

［6］甲：我已经把上周你给我的钱转到你的账上了。

乙：你这人真有意思！

［7］甲：你最近总是早出晚归啊？

乙：哪儿啊！

［8］甲：听说你最近要去美国定居？

乙：谁说的？

例［5］中乙的真实想法其实是不同意对方这样做，对方这么做也是不可以和行不通的。例［6］中乙的真实想法是你这人"真没意思""真没劲"，不应该这么做。例［7］、例［8］也都是反对的意思。

三、反问中的反对表达方式

［9］甲：听说小李下个月要出国。

乙：这么重要的事情，难道你不知道？

［10］妻子：我想买件毛皮大衣。

丈夫：没有毛皮大衣以前的冬天不也过去了吗？

［11］父亲：你学这些都是有用的。

儿子：难道有用的都是真理吗？

［12］甲：明天你请我吃饭。

乙：我请你吃饭？

例［10］中丈夫的潜台词就是"我不同意"，"我无法满足你的要求"。例［11］中儿子表达了对"有用的都是真理"这一肯定命题的反对，相当于说"并非有用的都是真理"，等值于"有些有用的不是真理"。例［12］中在乙的概念里，意思那怎么可能，应该是你请我才对，我怎么可能还请你吃饭呢！

四、直接语言攻击的反对表达方式

［13］甲：明天咱们班还要去市区开会呢！

乙：真讨厌。

［14］甲：明天我想单独去野人区旅行。

乙：活腻了。

［15］甲：这道题还得给我再讲一遍。

乙：猪！

［16］乞讨者：行行好，给点吧！

路人：滚！

另外，还有一些如"狗屁！""狗屎！""笨蛋！""去死吧！""一边去！""装""胡说！""废话！""闭嘴！""垃圾！"等都有这种用法。有时候"去"和"滚"除了代表一定的反对的意思外，也可能是一种戏谑的口吻。

五、非言语交际中的反对表达方式

（一）体态语中的反对表达方式

1. 身体动作语

［17］甲：你真不是什么好东西！

乙张了张嘴，气得浑身发抖。

［18］她挣扎着，愤怒地挣脱了妈妈的怀抱。

［19］她愤愤地推开了他。

2. 头部动作语

［20］他不高兴地摇了摇头。

［21］他无奈地低下了头。

3. 面部表情动作语

（1）眼睛。

［22］小偷：我昨天没偷别人的东西。

警察目光冷峻地盯着他。

［23］老板：这么早就收工了？

员工冷笑着瞪着他。

［24］他瞪着血红的双眼，直视着他，一声不吭。

［25］她迅速地回过头，白了他一眼。

（2）脸色。

［26］甲：我想让你做我的女朋友！

乙脸上一片茫然，甚至露出了几丝鄙夷之色。

［27］甲：如果明晚有空，可以和我去喝杯咖啡吗？

乙立刻沉默不语，脸上的笑容瞬间不见了。

［28］甲：他真是神枪手啊，百发百中！

她斜着瞅了他一眼，脸上带着嘲讽和不屑的神色。

（3）眉毛。

[29] 父亲：一整天都在打游戏，现在还不快去学习！

儿子把眉毛拧成了疙瘩，沉默不语。

（4）嘴巴。

[30] 丈夫：听说隔壁的孩子考了第一。

妻子努了努嘴，瞅了一眼身边患病的孩子。

[31] 甲：听说最近新上任的村主任深得民心。

乙撇了撇嘴，没回答。

[32] 他撅着嘴苦笑了一下。

例[30]意思是别提这件事情了，自己的孩子身体不好，不能上学，提学习的事情孩子会伤心。

（5）舌头。

[33] 妈妈：你昨晚的作业写了吗？

女儿害怕地吐了吐舌头。

[34] 母亲：你嘴巴上的油擦了吗？

儿子伸出舌头做鬼脸。

例[33]中女儿的意思是完蛋了，忘写了，等着挨批评吧。例[34]中儿子的意思是嘴巴这次早就擦干净了，为此很得意做出鬼脸来回敬母亲的提醒。

（6）鼻子。

[35] 妻子：帮我洗一下衣服吧！

丈夫鼻子哼一声，理都不理。

4. 四肢动作语

（1）手部动作语。

①手势语。

[36] 母亲：你成天看电视也不写作业，你还打不打算好好学习了？

儿子用手使劲捂住耳朵。

[37] 他手气得直哆嗦，拿着的笔"啪"的一声，掉到了地上。

[38] 老师：都谁选张军做我们班的班长？

走在城市的际线：
汉语国际教育中同意与反对的表达手段

同学们刚才还举着手，迅速地放下了。

②握手语。

［39］甲：他伸过手去握住了她的手，探寻的目光问：还生气？

乙迅速抽出手，用嘴吹吹，还用手绢擦了擦。

例［39］中乙的动作表明不想原谅甲以往做过的种种事情，不想继续原来的感情。

③鼓掌语。

［40］他讲了一个自认为捧腹的幽默，可是当他讲完之后，台下稀稀落落的几个掌声还夹杂着喝倒彩"好"的声音。

本例句说明所讲内容不受大家欢迎，因此掌声稀少。

④挥手语。

［41］甲：你比赛得到奖品了？

乙使劲摇着手。

［42］甲：听说你比赛得了第一名。

乙瞅瞅身边的同事，她一边拼命摇着手，（手掌朝外，左右平行摆动）一边焦急地阻止。

［43］学生：报告老师，我还没交作业呢！

老师：嘘——

例［41］中乙的意思是得奖的人不是她或者是不要声张此事。例［42］中乙的意思是别说了，说了可能给同事留下什么不好的印象。例［43］中食指靠近嘴唇并与嘴唇交叉成"十"字型，表示"请安静""不要出声"。

（2）腿部和脚部动作语。

［44］甲：车票带了吗？

乙一拍大腿。

［45］父亲用脚踢了踢地上的东西，声音严厉地说：这就是你的发明？

［46］年迈的老父亲用脚使劲跺着地板，大骂：你们这帮不孝的东西！

例［44］中乙拍大腿的动作意思是：完了，忘带了。例［45］中父亲用脚去踢说明不屑一顾和对那种发明持有反对的观点。

（3）体姿动作语。

①坐姿语。

［47］男人：我挺喜欢你的。

女人立刻把凳子挪开，拉大他们的距离。

［48］丈夫：你把存折还给我。

妻子把腿一撇，跷起二郎腿。

［49］男人：你还是原谅我吧，我也是身不由己。

女人立刻把身子和头扭到一边去不予理睬。

②立姿语。

［50］父亲：你给我滚！

儿子笔直地站在那里，攥着拳头，丝毫不想离开。

③步姿语。

［51］甲：你给我站住！

乙脚步不停，大步流星地走了。

［52］主任：事情办成了吧？

科员没说话，蔫头耷脑，从经理室里无精打采地走出来。

5. 体触

［53］她一边捶打着他的胸膛，一边流泪，嘴里说着对他不满的话语。

［54］丈夫：是不是想孩子了？

妻子立刻止住哭泣，一下子把孩子推开。

6. 行为动作

［55］他生气地站起来，"啪"的一拍桌子。

［56］他一甩袖子，愤怒地走了出去。

［57］他把门猛地一摔，一声不吭地走了。

［58］他气哼哼地把电话使劲一扣，一句话也不说。

（二）副语言中的反对表达方式

1. 语音修饰符号

包括夹杂在言语中哭叫、呻吟、悲叹、笑声、尖叫与低语、打嗝与打呵欠等。

[59] 母亲：快和妈妈回家，不许去公园！

儿子：呜呜——

[60] 甲：滔滔不绝地讲述自己的故事。

乙听得哈欠连天。

2. 语音区别符号

包括声音响度、音高、音速、音量的变化、语调、语气、重音等。

（1）语调中的反对表达方式。

[61] 甲：我不去了可以吗？

乙：（脱口而出，言辞激烈）不去怎么行？少废话！（声音坚定）

例[61]中乙的意思是坚决反对甲不去，也就是必须得去，别的什么也别说了，没用。

（2）语气中的反对表达方式。

[62] 儿子：我明天不想去学校了。

父亲：（决绝地口吻）必须去！

例[62]中父亲的意思是反对不去学校，或者坚决得去！

①陈述语气：

[63] 甲：单位同事都说我这人不错。

乙：典型的自我夸耀型。

[64] 甲：我总是能在同事中树立良好的威信。

乙：切！总是自我感觉良好。

[65] 甲：小张的业绩非常突出。

乙：哼！也不知道怎么获得的。

②疑问语气：

[66] 甲：我来看看你。

第一章
同意、反对的各种表达方式

　　　　乙：哟——什么风把你给吹来了？
　［67］甲：我觉得小刘人很好，可以考虑留下。
　　　　乙：是听你的还是听我的？！
　［68］儿子：妈，我还是想和小丽结婚。
　　　　母亲：你难道忘了当初的痛苦了？

例［67］中乙的观点是反对甲的想法，意思是在留人这个问题上必须得我说了算，得听我的安排，你怎么说也无效。

③祈使语气：
　［69］甲：再来点吃的吧！
　　　　乙：别来了。

④感叹语气：
　［70］甲：小张肯定会东山再起的。
　　　　乙：江山易改啊！
　［71］甲：你这次考试考得不错啊！
　　　　乙：蒙的呀！
　［72］甲：你还能考上博士，真了不起啊！
　　　　乙：人家能读咱也跟着凑热闹呗！

例［70］中乙不同意甲的观点，认为人的本性不会轻易改变的。例［71］中乙的意思是不同意甲的表扬，认为自己考得不好，即使好也不过是偶然碰了运气而已。例［72］中乙的意思是读博士没什么，随大流而已，不值得一提。

（3）重音中的反对表达方式。
　［73］儿子：爸爸，我上回比赛得了一个冠军。
　　　　父亲：<u>就你</u>？
　［74］某学生：是张教授吗？我想考您的硕士，想找机会拜访您一下，不知道您什么时候方便？
　　　　张教授：（很生气）<u>你——</u>怎么知道我电话的？
　［75］母亲：你怎么总不停地吃苹果呢！
　　　　儿子：我才吃了<u>一个</u>。

29

[76] 儿子：你怎么知道我今天没上课？以后不要瞎说，总是听信别人在背后造谣。

父亲：我亲眼看见的还有能假吗？

例[73]中重音落在"你"上，意思是根本不可能的事情。别在那里自我吹嘘和表白。例[74]中张教授不想让某学生借拜访名义来拉近和自己的关系，对某学生给自己打电话很反感，重音加在了"怎么"这个词上面，就想知道谁泄露了自己的私人联系方式。因此，也不可能同意这个学生来家里拜访。例[75]中母亲责怪儿子一直吃苹果，而儿子则把重音加在了"一个"上面，意思是我没不停地吃，只是吃了一个就被你发现了而已，所以进行了反驳。例[76]中父亲把重音加在了"我"上面，意思是我亲眼所见，千真万确，不可能看错。

还有一种特殊的重复方式——完全重复说话人的话来达到反驳对方观点的目的。请看下例：

[77] 甲：你背后说我坏话了。

乙：你背后说我坏话了。

例[77]中我们看到这两个句子在形式上完全一样，但是人称代词的所指却是完全不同。第一个句话中的"你"指的是乙"我"指的是甲，而在第二句话中"你"指的是甲"我"指的是乙。并且在第二句中"你"和"我"是要重读的，以创造出针锋相对反对的效果。

3. 语音分隔符号

包括"嗯,吧,啊,哦"一类的有声符号、话语中的停顿、沉默等。

（1）停顿中的反对表达方式。

[78] 女儿：同学商量说下周一起去外地旅行。

父亲：你——（停顿）还是待在家里吧。

[79] 甲：听说你这一段时间和李四打得火热，

乙：这些人——简直不知道说什么好。

[80] 和平：春生，坚强起来！把你那些科研成果跟我们说说！

春生：这个……就不用细说了吧？（《我爱我家》，1993）

例[80]是大型电视情景喜剧《我爱我家》——《不速之客》里的一段对话，

说话人和平听说春生竟然有自己的科研成果,所以发出请求即"希望他把他的科研成果跟大家伙说说",而"春生"其实是在蒙骗大家,所以意欲拒绝,就故意在"这个"和"就不用细说了吧"中间进行进一步的停顿,给听话人以心理上一定的时间准备,缓冲了对主体面子的威胁。

(2)沉默中的反对表达方式。

[81]男:你愿意和我远走高飞吗?

女低头不语,沉默着不说话了。

4. 替代符号

包括"嗯,哟,嘻"等应答词、感叹词、语气词等。

[82]男人:我们结婚吧!

女人:哼,想得美!

[83]甲:你这样做就对了。

乙:呸!混蛋逻辑。

[84]丈夫:我明天回家。

妻子:哟,你还知道回来啊!

第三节 特殊的同意、反对表达方式

一、特殊的同意表达方式

(一)特殊的词所代表的同意表达方式

1. "有"可以作为"有没有 VP"句的同意回答

[1]主持人王刚问原国家队体操运动员李小双:"在他(指黄玉斌)跟你们训练时,他有没有跟你生过气?"

李小双:"有。"(CCTV-3《朋友》,2001年9月)

"有没有"在这里可以换成是否,他有没有跟你生过气,就可以转换成他是否跟你生过气？回答是"生过气"或者"没生过气"。而只用一个字"有"则表现了对话中的经济原则（孙琴，2003）。以下同例［1］。

［2］主持人对一柜台前售货员："小姐，今天有没有卖玫瑰花？"售货员：有啊。"（江苏卫视《超级震撼》，2001年2月）

［3］主持人问一歌手："……你们有没有合作过？"歌手："有。"（CCTV-3《音画时尚》，2002年4月）

［4］外国故事片《亲爱的，我把孩子缩小了》有奖竞猜问答题：四个小人有没有恢复原来的样子？

答案：A 有，B 没有。（CCTV-6，2001年）

［5］喜来乐：有没有让你给带点儿什么东西？

赛西施：有啊。（CCTV-8连续剧《神医喜来乐》，2003年1月）

2. 重复性的词

例如，在饭店，两个人吃饭，其中一个人拿起辣椒油：

［6］甲：来点儿？

乙：来点儿，来点儿。

［7］甲：不吃点儿？

乙：不吃，不吃。

例［6］中的"来点儿"和例［7］中的"不吃"，根据上下文和语境，都是同意的意思。例［6］中甲问乙要不要点辣椒油，乙的意思是要点儿。例［7］中甲的意思你确实不要辣椒油，乙的意思是我确实不要。

（二）表示同意的衔接成分

1. 毫无保留地表达同意态度的词语

现代汉语中有一些词表达毫无保留的同意态度，例如，"没错儿，说得是，是的，说得有理，那是，当然啦，可不，本来嘛，这倒是"等等。其中"是的"略带郑重其事的意味和书面语色彩，衔接功能最强。其他短语更多地带有口语色彩。中国人在对话中则大多选择简洁利落的"对、没错"，有时还用"是"衔接，为了强调十分赞同，还可在"是"前加上"那"，说成"那是"（周利芳，

2005）。

例如：

［8］记者：你是为了不被罚款才买的？

骑车人戊：对，没错！（焦点访谈，1999）

［9］甲：说相声就得用北京话。

乙：那是，相声是北京的土产嘛。（侯宝林相声选，1980，以下简称"侯"）

"说得对、说的是、说得有理"等结构较复杂，因为"对""是的"既可同意对方所说的具体事实，也可只同意对方的话，而加上"说得（的）"以后，就只能用于同意对方的话，而且达到了加强同意的目的。例如：

［10］路易：下岗的人可以另外再找工作呀。

大卫：说得对。我听一个中国朋友说，中国的情况是……（《汉语口语教程高级下》，2000）

2. 带有理所当然口气的同意词语

这类词语的特点是同意中带有理所当然的口气，并引出进一步的申说，既可用"当然啦、那当然"等陈述的方式，更常用"那还用说、谁说不是呢、可不、可不是嘛"等反问的方式。例如：

［11］那当然，在莫斯科也有冬天，春天，夏天，秋天。（北京语言大学，《中介语语料库》）

［12］记者：就凭朋友说的话，你就相信他了？

陈大君：当然啦，他是国家公司的人。另外，他说赫司安工程采矿用的是进口设备，他们还要和他做生意呢。（焦点访谈）

［13］乙：让这样的人主管粮、油、蛋、菜，老百姓非倒霉不可。

甲：可不，要不那几年群众的生活就那么苦啦！你瞧见我了没有，我就是假大空的受害者。瞧，我这体格，这就是假大空主管粮、油、蛋、菜，造成的恶果。（《杨振华表演相声精品集》，2004）

如果下句中包含预设"本应如此"，使"理所当然"的口气带上更强烈的主观感情色彩，则要用"本来嘛、废话"等衔接，后者是很不客气、直接的同意方式。例如：

[14] 乙：嘿，你倒能原谅他。

甲：本来嘛，你跟小孩儿要求太高不行，就得睁一眼儿闭一眼儿，老找大人那解决什么问题。（侯）

（三）某些插入语

"（你）还别说"，这个句子既可以表示实在的意义，也可以只用来表示语气，是虚义的。实义的"（你）还别说"当处于显性前提条件下，前面有语句时，"（你）还别说"通常表示实在的意义，表示同意，认可。例如：

[15] 甲：买城里的房子，比如五棵松、国贸附近的，很不错呀！

乙：你还别说，那里的房子我都喜欢，可就是实在没钱买不起。

例[15]中乙承接了甲的话题，意思是你说的我也同意，你和我的看法相似，我也喜欢这两个地方的房子。再如：

[16] 甲：看看现在的小孩用品，多齐全啊！

乙：你还别说，现在的小孩就是幸福。

例[16]中乙用"你还别说"来表示同意甲的话，从中引出自己的感慨，在甲观点的基础上做了总结：现在的小孩确实很幸福。再如：

[17] 甲：什么？我长得跟你女儿一模一样？没有你这样损人的。

乙：真的不骗你，你看我女儿这张照片。

甲：还别说，真的有几分像。

例[17]中甲由一开始的不相信到后来用"还别说"，表示了一种观点的转变，认同了乙的观点，意思是"还真的是像你说的那样，""原来你说的确实是真的啊"。

通过以上例句分析，我们可以发现，"（你）还别说"在这里主要是用来承接他人的话题然后进行发挥、补充，表示同意对方的观点或者看法相同、相仿。

（四）辞格类

1. 借代

[18] 甲：现在生活可真是好了。

乙：搞好了菜园子，丰富了菜篮子。

［19］甲：你们来自多个省市？

乙：我们来自五湖四海。

［20］甲：小张和女朋友吵架好了吧？

乙：化干戈为玉帛了。

例［18］中的"菜篮子"和例［19］中的"五湖四海"、例［20］中的"干戈"等分别在96版和78版《现代汉语词典》就有了借代义项（即：［菜篮子］借指城镇的蔬菜、副食品的供应；［五湖四海］指我国各地；［干戈］泛指武器、比喻战争）。

2. 反语

［21］甲：这人怎么这样？上厕所都不知道冲。

乙：认为自己出来的是纯净水呢！

［22］甲：总自诩自己长得很帅。

乙：可不，还以为自己是刘德华呢！

3. 双关

［23］甲：你总是不能正确地选择自己的方向。

乙：一直徘徊在十字街头呢！

例［23］利用双关改变词原先的含义，另作他解，以创造幽默的修辞效果。此处是词义双关，十字街头的含义就是歧路徘徊，拿不定主意。

4. 夸张

［24］甲：小张的脸皮可真厚。

乙：你才知道啊？差不多能有10厘米吧。

［25］甲：小刘怎么好像什么事情都不清楚呢！

乙：脑子进水了。

夸张的实质是"一个虚假的判断，一个不符合客观事物的本来面目的判断"（张炼强，1994）。上述例句乙通过有意放大和偏离事实的夸张手段，深刻而生动地揭示了事物本质，完全同意甲的看法，加强了语言的艺术感染力。

5. 移就

根据《文学用语词典》的定义,移就是把本来用来形容甲的修饰语用来形容乙的辞格表现。如:

[26] 甲:那天我真的十分生气。

乙:愤怒的葡萄。

6. 拟人

[27] 甲:这条狗还真没咬你。

乙:我和它是好兄弟。

7. 比喻

[28] 甲:她的脾气十分不好。

乙:像个母夜叉。

8. 仿拟

仿拟一词源于希腊语,意思是嘲讽之歌,是一种富于创造性的修辞方法。这种修辞方式通常模仿人们熟知的某一词语、名言警句、语篇和格调,根据表达需要,适当地"改头换面",构成一种颇为新奇的表达方式,从而达到讽刺、嘲弄或幽默的修辞效果。由于原来的词义、语义、句义是人们所熟悉的,而仿拟出的新词、新句、新篇又与原来的意境情趣同中有异。从形式上看,仿拟一般分为仿词、仿句、仿篇三种基本形式。

(1)仿词。

仿词是指在原有词语的参照下,更换词语中的某个词或者词组,临时仿造出的另外的新词新语。仿词又可以分为音仿和义仿两种形式。

A. 音仿。

音仿指用音同或音近的词或词素替换原词语中的词或词素,从而创造出的新词新语。(曾怡华,2007:141)

[29] 甲:你和女朋友发展得很迅速啊!

乙:一键钟情。

[30] 甲:这个女孩子经常频繁地更换男友。

乙：每周一哥。

例[29]中的"一键钟情"仿"一见钟情","键"与"见"音同,用来指那些在网上一见如故的人。例[30]中"每周一哥"仿"每周一歌",指这个女孩子换男友换得太频繁,以至于每周换一个男朋友。

B.义仿。

义仿指在现有词语的参照下,换用反义词素或同类词素仿造出的新词新语,可以分为类仿和反仿两类。

a.类仿。

[31]甲：你们每晚上回宿舍是不是都聊天啊？

乙：一般都开卧谈会。

[32]甲：听说张老师是从德国回来的。

乙：海归派。

例[31]中的"卧谈会"仿"座谈会",指躺在床上聊天。例[32]中的"海归派"仿"武当派"等派别,指从国外留学回来的学者。另外,这种类型还有不少根据一个词仿造出一类词的情况。如仿"酒吧"造出"琴吧""画吧""书吧""球吧"等。

b.反仿。

[33]甲：听说你在家里什么活都会做啊！

乙：我是家庭妇男。

例[33]中的"家庭妇男"仿的是"家庭妇女","男"与"女"相对,"家庭妇女"指专门在家做家务的女人,"家庭妇男"指在家做家务的男人。

（2）仿句。

仿句指仿照某一名言警句、流行话语或某句流行歌词而造出的新句。例如：

[34]甲：今天这么高兴啊？

乙：有朋自网上来,不亦乐乎！

[35]甲：你天天上网啊！

乙：网漫漫其修远兮,吾将上下而求索。

[36]甲：你最近有些黑了。

乙：都是太阳惹的祸。

例［34］中的"有朋自网上来，不亦乐乎"是仿《论语》中的名句"有朋自远方来，不亦乐乎"，表达了对网友的喜爱之情。例［35］中的"网漫漫其修远兮，吾将上下而求索"仿的是屈原《离骚》中的名句"路漫漫其修远兮，吾将上下而求索"，表达了对网络的痴迷。例［36］中的"都是太阳惹的祸"仿的是歌手张宇唱的歌曲"月亮惹的祸"，意思是抱怨自己皮肤被晒黑了。

（3）仿篇。

仿篇是对现成的诗词歌赋或篇章的仿拟，或仿语言，或仿结构，或仿内容，抓住一点，不及其余（曾怡华，2007）。

［37］甲：这些学生真是不知道珍惜大学时光！

乙：没听说过吗？分不在高，及格就行；学不在精，作弊则灵。厮守寝室，难忍孤清。麻将打得好，扑克翻得勤。谈笑有恋人，往来在舞厅。可以谈闲情，阅股经。无书声之乱耳，无温课之劳形。课余就挣钱，摆摊夜不停。学子云：混张文凭（曾怡华，2007）

例［37］中乙用仿刘禹锡《陋室铭》的《新陋室铭》来赞同甲的观点。这首改造后的新诗完全失去了原诗的意蕴，只大致保留了原诗的结构框架，却深刻地揭露了一些大学生荒废青春、浑浑噩噩度日的不良表现。诙谐的言语中表现出的是对这种不良现象的嘲讽和不满，警醒他们改正自己的不良行为，达到教育人的效果。

（五）熟语类

熟语具有形式固定、言简意赅、生动形象等特定的修辞功能，使用熟语可使话语更具表现力。汉族在长期的生活实践中创造了十分丰富的熟语，包括惯用语、成语、谚语、格言、歇后语、俗语等（陈汝东，2004）。

1. 惯用语

［38］甲：我的第一仗打赢了。

乙：开门红。

[39] 甲：你说老王这件事能办成吗？

乙：我看这事八九不离十。

2. 成语

[40] 甲：小张最近当了书记。

乙：前途无量啊！

[41] 甲：小张家收拾得太干净了。

乙：他家总是一尘不染。

[42] 甲：我们的总理每天都工作到深夜。

乙：鞠躬尽瘁啊！

3. 歇后语

[43] 甲：我怎么不知道小王最近心情不好？

乙：这是秃子头上的虱子——明摆着的事。

[44] 甲：这俩人都一个德行。

乙：他俩是半斤八两——对色了。

4. 谚语

[45] 甲：你说我能在这么短时间内背下来吗？

乙：只要功夫深，铁杵磨成针。

[46] 甲：老李家二儿子也开始偷东西了。

乙：上梁不正下梁歪。

5. 格言

[47] 甲：你说老刘怎么能把这件事情办砸了呢？

乙：智者千虑，必有一失啊！

[48] 甲：做事情真得从头来。

乙：千里之行，始于足下。

6. 俗语

[49] 甲：小刘和小张两人关系可好了。

乙：都一个鼻孔出气。

[50] 甲：两人为那么点小事还能打起来！
　　乙：一个巴掌拍不响。

（六）诗歌作品类

[51] 甲：今天是中秋节，想家吧？
　　乙：每逢佳节倍思亲啊！

[52] 甲：你对这件事情想得太深入了。
　　乙：先天下人之忧而忧啊！

（七）影视小品类

[53] 甲：你看小李的婆婆多凶！
　　乙：典型的容嬷嬷。

[54] 甲：小李的哥哥确实很帅。
　　乙：高仓健类型。

[55] 甲：小张这个人挺聪明的。
　　乙：那是相当有才了。

例［53］中的容嬷嬷是电视剧《还珠格格》里马皇后刁蛮的侍从。例［54］中的高仓健是日本电影演员。例［55］中的"相当有才"是春晚赵本山小品里的台词。

（八）历史人物类

[56] 甲：老李做什么事情都有先见之明。
　　乙：他是诸葛亮。

[57] 甲：你看她什么事都能做得很好。
　　乙：她是穆桂英。

例［56］中的诸葛亮是三国中的著名历史人物，是刘备的军师，以有远见卓识而闻名天下。例［57］中的穆桂英是《杨门女将》中杨六郎的夫人，素有"穆桂英挂帅，阵阵落不下"之说，意思是此人特别精明强干，无人能敌。

（九）歌曲、戏曲类

［58］甲：你对你家的小狗太好了。

乙：爱就一个字。

［59］甲：最近我喜欢上了一款新的手机，下决心把它买了。

乙：该出手时就出手。

例［58］中乙的回答是张信哲的歌曲《爱就一个字》。例［59］中乙的话语是《水浒传》的主题曲《好汉歌》的歌词："该出手时就出手，风风火火闯九州"。

二、特殊的反对表达方式

（一）借助某些词语构成反对的表达方式

这一类反对方式比较特殊，句中不出现否定副词，而是借助某些词语来表达反对意义。这类反对表达方式基本上可分为如下小类。

1. 名词"屁"及其复合词，或动词（形容词）+个"屁"

［60］甲：微波炉坏了，要不找张师傅修理一下？

乙：他懂个屁！

［61］"他这个人很好。"老张说。"好个屁！"小李反驳道。

［62］他说屁话！

例［60］中"他懂个屁"是对"他懂"的否定，意思是"他什么也不懂"。例［61］中"好个屁"是对"他是一个好人"的否定。例［62］中"屁话"是对"话"的否定，意为他说的是没有意思、不好的话。从前面的例子可以看出，用上"屁"这个名词可以构成反对的表达方式，并具有较为强烈的否定意义。具有同类意义和作用的名词还有"鬼""鸟""屌"等。

2. 疑问代词"什么"及其复合词，"动词（形容词）+什么"

［63］他懂什么！

［64］你这是什么话！

［65］甲：人人都去领导家送礼，你也不去看看。

乙：你知道什么。

[66] 甲：我觉得这样挺好。

乙：挺好什么！

上述例句借助疑问代词"什么",从而构成反对的表达方式,其句中的"什么"并不真正表示疑问,而只是借助反诘语气,从而加大了反对的程度。具有同类意义和作用的疑问代词还有"啥"等（李一平,1996）。

3. 疑问代词"哪"及其复合词

[67] 哪有这样的好事？

[68] "哪有讲理的地方！"老张愤愤地说。

[69] "你真有才气。"老李赞叹地说。"哪里！哪里！"小孙谦虚道。

[70] "你的手艺真不错！"老宋夸道。"哪儿啊！您过奖了。"小李不好意思地说。

例[67]中疑问代词"哪"在句中表示反对的意义,比起用"没"其反对意义更为强烈。例[68]中老张说的是"哪里都没有讲理的地方"之意。例[69]的"哪里"和例[70]中的"哪儿啊"都是表示反对的意思,是中国人常用的谦词,常用来回答别人的夸奖,表示自己没有对方说得那么好。

4. 疑问代词"谁"

[71] 谁能这样做！

[72] 谁愿意这样！

上述两例句均为感叹句,表达出强烈的情感,这两句中的"谁"实际意义为"没有人",因此表示反对意义。

5. 都

[73] 甲：还不走啊！

乙：怎么了？

甲：都十点了,等你等得花儿都谢了。

[74] 儿子：妈妈帮我背书包。

妈妈：都10岁了。

例句中的"都"意思是"已经",意即原来的情况不能再持续下去,应该终止,所以表示的是一种反对的意思。例［73］中的"都十点了"意思是很晚了,不能再等你了。例［74］中的"都10岁了"意思是你不是小孩子,已经10岁了,自己可以背书包了,不能求助别人。两例句中的"都"均是不同意、反对的意思。

6.……才怪呢

［75］甲:听说邻居家的孩子最近很懂事啊!

乙:他要是能改好才怪呢!

［76］甲:别担心,小张会还你钱的。

乙:他要是能还才怪呢!

例句中的"才怪呢"意思是不可能那么做,是一种反对的表达形式。

7. 倒

［77］你说得倒简单,你试试看!

［78］人家都在忙,你倒很会休闲啊,能睡着吗?

例句中的"倒"蕴含着一个对立面的存在,即表示它所在的分句或单句的句义和上下文或句外的某种事理、实际情况、愿望、要求、预想或观点等不一致或相反。例句中"你"的观点和事实或者说话人的观点正好是相反的。

8. 某些称呼语

［79］母亲:我这个女儿没别的缺点,就是——

女儿:妈——

［80］小张:公司领导为什么不批准我的请求?

经理:小张——

例［79］中的女儿不愿意让妈妈继续夸赞自己,所以极不情愿地喊了一声"妈",意思是不要再说了。例［80］中经理听到小张在用质问的口气说话,很生气和愤怒,极力阻止其不要继续说下去了。

9. 直呼其名

［81］甲:我要是你我就不这么缺德!

乙：张子涵！

例句中乙说出了对方的名字蕴含意义很多，其中有愤怒、阻止、难于接受或者不想过多解释等释义。

（二）借助某些句式构成反对表达方式

这类表达方式又可分为两小类。

1. 利用"× 不 ×"的格式

在这种句型中，名词放在这个格式里是反对表达方式。动词、形容词进入这个格式要有所限制，第一个动词或形容词前头要有"管你""管他"之类的词语出现，"管你（他）× 不 ×"的格式，才构成反对的表达方式。否则就成疑问表达方式了。例如：

［82］妻子：买个好点的锅。

丈夫：什么好锅不好锅，能用就行了。

［83］甲：你这个人就是见钱眼开！

乙：哼！钱不钱，你没钱行吗？

［84］管他愿不愿意，这事就这样定了。

［85］管它行不行，试试再说！

2. 利用反问形式

汉语中有不带否定副词的疑问句，利用反问形式，也可以构成反对的表达方式。例如：

［86］难道你不知道吗？

［87］老王那样有身份的人能做出这种事？

［88］他有什么了不起？

［89］小刘是这种人吗？

例句中的反问句，在字面上是同意的而句义是反对的。这类反问句，无疑具有较为强烈的反对意味。

3. 利用推论

［90］让拖拉机去干活吧！它是铁打的。

[91] 让铁锯去干活吧！我娘生我可不是为这个的。

[92] 让火车头去干活吧！鬼叫它把我拉到这儿的？

以上三个句子都可表明说话人不愿工作、不愿劳动或者不想做这个工作的态度。这一类例句以第三者为对象举例，从逻辑和字面上肯定它的某功能、专长，实则表明说话人本人不情愿做某事的态度，常用第三人称命令式引导。

4. 利用举例

用现实中不可能发生或尚未发生的事举例，以证明对方请求、要求或建议的不现实、不可行，表明说话人"不同意""不愿意"的立场。

[93] 甲：你有空思考一下这件事情。

乙：让大象去想吧。

[94] 甲：你明天把东西还给我。

乙：我睡觉梦见就给你。

上述两例说话人提到某种不存在的事物、行为或状态，实际上表示不愿按对方要求做事。例[93]中说话人乙不愿思考某事，意思让别人去想吧，我可不愿意想。例[94]的真实意思是让我把东西还给你根本不可能。

5. 利用打岔

答话人对问话人的提问避实就虚，答非所问，表达"不同意""不愿意"的意义。例如：

[95] 甲：你干嘛，这么硬？

乙：不硬，煮熟而已。

[96] 甲：什么？（为什么？）

乙：什么什么？

例[95]中的"硬"显然是指口气强硬的、固执的，但答话人故意将其解释为"煮老、煮硬了的"，从而转移了问题。例[96]中甲未听清而要求重复，说话人不愿重复，于是就说话对象的提问以押韵式地唱和，含糊其辞。答句表示说话人不愿意回答或者回避对方的追问。

6. 利用不合情理句

除上述方法以外，口语中还存在一些看起来不通顺语句构成的表达法。例如：

[97] 你昨天来一趟吧?

例[97]看起来语义上自相矛盾,存在时态错误。其实是说话人用矛盾和错误来表明拒绝对方所请求的东西,或不同意做对方所要求做的事的态度。可意译成:别来啦,你来也白搭。

(三)某些插入语构成的反对表达方式

"(你)还别说",这个句子表示实在意义的时候是"反对,不认同,否定"的意思。

[98] 甲:我跟你坐了那么多次车,你从来都不晕的啊!
　　　乙:你还别说,今天我就晕车了。
[99] 甲:你们学校的食堂是不是还和原来一样,一到周末人就多了啊?
　　　乙:你还别说,今天的人真少,一般周末的时候都会很多,但是今天少了。

例[98]中甲和乙坐车,甲突然发现乙有晕车的症状,乙的意思是:"我现在不就晕车啦,你原来认为的是不对的"。例[99]中甲先根据以往的经验问乙,乙否认了甲的话,意思是"有点奇怪,今天不是这样的"。就用了"你还别说"来表示一种委婉的反对,不认同。

(四)辞格类

1. 借代

[100] 甲:我想趁着这个时候可以多赚点。
　　　 乙:趁早收起你那鬼算盘。
[101] 甲:小刘应该能写一些文章。
　　　 乙:他肚子里没什么墨水儿。

例[100]中的"算盘"在1983年第2版《现代汉语词典》中有借代义项。即"算盘"是计划,打算。例[101]中的"墨水儿"是学问或读书识字的能力。

2. 反语

[102] 母亲：你真在学校打架了？

儿子孩子点点头，一副内疚的样子。

母亲无奈地叹口气：你可真行，真是一个好孩子。

[103] 甲：英国人称 Englishman，罗马人称 Roman，那么上海人就称 Shanghaiman 是吗？

乙：你真是爱迪生再世啊！

例[102]中母亲看见了孩子知道犯错的样子，不忍心责备，只能说了一句反语来表达自己恨铁不成钢的心情。这种反义的效果有时胜过直陈的"你干了坏事！你真是个坏孩子！"例[103]中乙不好直接说出甲的这种推理是错误的，只能借用爱迪生来说明甲的发明已经能够与之媲美了，其实，是一句反语。

3. 双关

某学校食堂的服务之差让所有学生都难以忍受，于是学生会召开了各系学生代表会，给食堂提意见。

[104] 食堂：你们觉得食堂的饭菜如何？

中文系的代表：我们的食堂富有浪漫主义，菜花里面居然有两条虫子在谈恋爱。

在此例句中，中文系的代表运用了双关语，含有的潜台词和象征意味是显而易见的，学校应该采取措施改善卫生状况，给同学们营造一个健康、愉悦的就餐环境。

4. 夸张

[105] 学生：老师好！

教师：我都好几年不见你了。

[106] 学生甲：你们学校食堂饭菜好吃吗？

学生乙：食堂用的肉和香肠都不知道是哪个朝代的？你学考古的，有没有兴趣研究一下？

例［105］中是老师对一个经常逃课的学生说的话。老师在这里违反了质的准则，以夸张了的假信息，表明自己对学生逃课行为的不满。例［106］中也利用了夸张的手法，嘲讽他们的食堂伙食需要改善和提高。

5. 移就

大会主席听见场内一对员工在窃窃私语地谈恋爱。

［107］主席：你们在嘟囔什么？

员工：没什么。

主席：是嘛，我怎么听到了桃色笑声？

笑声是没有颜色的，"桃色"与"笑声"搭配，违背了质的准则，旨在传达这样的含义：主席话语中的桃色不再表示颜色，而是"恋爱"的代名词。这里主席通过特定的语境，改变词语的习惯性搭配，含蓄地批评了会上谈情说爱的现象。

6. 拟人

［108］甲：昨天你的马骑得怎么样？

乙：还不错。问题是我那马太客气了。

甲：太客气了？

乙：是呀！当骑到一道篱笆时，它让我先过去了！

以上例句说明，大家一听乙的回答便知道马把这位先生摔下来了，并非有意为之，只是由于技术尚不纯熟。而这位先生把自己被摔的遭遇解释为马的"客气"，正是用拟人幽默来追求一种自我解嘲的喜剧效果。

7. 比喻

［109］孙子：爷爷，为什么他们不自己直接去问这件事呢？

爷爷：你真是块木头。

木头的寓意是木讷，不开化。在这里，长辈故意违反质的准则，用比喻的语言批评晚辈不认真思考，不动脑，一方面不至于让晚辈太难堪，满足了面子要求；另一方面又告诫晚辈对事情要认真分析思考。如果长者直接说："你是傻子啊？"倒成了对晚辈的一种人身攻击。

8. 仿拟

（1）仿词。

A. 音仿。

［110］甲：你和你女朋友挺般配的。

乙：郎财女貌。

［111］甲：你和你男朋友真是美女配俊男。

乙：是霉女配菌男。

例［110］中"郎财女貌"仿"郎才女貌"，"财"与"才"音同，用来讽刺那些有拜金主义思想的漂亮女性，与传统思想重视男子才华形成鲜明的对照。例［111］中的"霉女"仿"美女"，"菌男"仿"俊男"。同样的例子："与郎共舞"仿"与狼共舞"，指与情郎跳舞。"引进外姿"仿"引进外资"指理工科男生找外系女生谈恋爱。"烟酒生"是仿"研究生"造出的新词，指整日抽烟喝酒的学生。读音相近，意思与原义完全相反。

B. 义仿。

a. 类仿：

［112］甲：小张对女朋友太好了。

乙：太花痴。

［113］甲：你的男朋友看上去温文尔雅。

乙：有点太淑男。

例［112］中仿"白痴"造出"花痴"。类似的还有"机痴""睡痴""玩痴"等。例［113］中的"淑男"是仿"淑女"而造的新词，指性格温和、举止文雅的男生。

b. 反仿：

［114］甲：听说你当年是校花？

乙：校草还差不多。

（2）仿句。

［115］甲：张同学把所有的钱都花在女朋友身上了。

乙：横眉冷对亲父母，俯首甘为女子牛。

"横眉冷对亲父母,俯首甘为女子牛"仿的是鲁迅的名句"横眉冷对千夫指,俯首甘为孺子牛",鲁迅先生庄重严肃的语言风格和仿句油滑的语调形成强烈的反差,对那些不顾父母反对,醉心于恋爱的学生予以尖锐的讽刺。

(3)仿篇。

[116]甲:大学生春天学习其实很辛苦啊!

乙:春眠不觉晓,处处蚊子咬。夜来麻将声,输赢知多少。

仿唐代著名诗人孟浩然《春晓》写的打油诗:"春眠不觉晓,处处闻啼鸟。夜来风雨声,花落知多少",讽刺了那些人在春天没有认真学习、天天打麻将的学生。

(五)熟语类

1. 惯用语

[117]甲:你二胡拉得很不错啊!

乙:半吊子。

[118]甲:我看你什么都能比划几下子。

乙:赶鸭子上架啊!

[119]甲:你论文进展得怎么样了?

乙:你是哪壶不开提哪壶。

[120]妻子:我打算再生一个小孩。

丈夫:好了伤疤忘了痛。

例句中的"半吊子""赶鸭子上架""哪壶不开提哪壶""好了伤疤忘了痛"都是惯用语,是回答方用来反对说话者的观点和想法。

2. 成语

[121]甲:你女儿琴弹得怎么样了?

乙:半途而废。

[122]甲:我想和你一起去。

乙:无理取闹。

例[121]中的半途而废就是弹得不怎么样,不能坚持弹下来。例[122]

中的无理取闹是乙坚决不同意甲和自己一起去。

3. 歇后语

[123] 甲：我想给老爸修一下电视。

乙：你别班门弄斧——在行家面前卖弄了。

[124] 甲：你还真行啊，自己把题解答出来了。

乙：你这是拿锄头挖黄连——挖苦我。

[125] 哥哥：你为什么总从我这里拿钱？

弟弟：真是铁公鸡——一毛不拔。

例句都利用了歇后语来表达不同意或者反对的看法和观点。

4. 谚语

[126] 甲：我都想辞职走人算了。

乙：留得青山在，不怕没柴烧。

[127] 甲：没有了生活来源怎么办啊？

乙：船到桥头自然直。

5. 格言

[128] 儿子：我已经长大了，不想听你说的那些没用的大道理。

父亲：良药苦口利于病，忠言逆耳利于行。你自己看着办吧！

[129] 女儿：我一直觉得自己的成绩很不错。

母亲：虚心使人进步，骄傲使人落后。

6. 俗语

[130] 甲：你这家伙总是占我的便宜。

乙：狗嘴吐不出象牙来。

[131] 甲：要是我肯定不会像他那么做。

乙：你这是站着说话不腰疼。

（六）诗歌作品类

[132] 甲：为什么我和我男朋友之间发展到今天，会有那么多的痛苦呢？

乙：人生若只如初见！

来自纳兰性德的词《木兰花令》:"人生若只如初见,何事秋风悲画扇?等闲变却故人心,却道故人心易变。"含义是:人与人之间初次相见,由于没有利害关系,彼此之间的缺点也没有暴露出来,所以那时的感觉是最美好的,随着时间的推移、彼此了解的不断深入,对方的缺点不知不觉取代了原来的美好感觉,若再加上利害关系的冲突,彼此的感情自然而然就冷淡了。这时就会感慨人的感情怎么那么容易改变、怎么那么经不起考验啊!

(七)影视小品类

[133] 甲:我怎么做什么事情都不会灵活一些呢!
　　　乙:你还以为你是孙悟空啊!

(八)历史人物类

[134] 甲:我不认为我有什么错儿!
　　　乙:你再发展下去就是秦桧第二了。

(九)歌曲、戏曲类

[135] 甲:你既然喜欢她就直接去和她说啊!
　　　乙:情要怎么说出口!

例句根据赵传的歌曲《爱要怎么说出口》造出"情要怎么说出口",意思是不好意思直接表白。

第四节　语义相同的同意、反对表达方式

这类同意、反对表达方式的特点是并不因为加了否定词"不"而改变句意,相反,句子还是维持原来的语义。在一般情况下,汉语的同意表达方式和反对表达方式,其语义在加上"不"等总是相背或相反的。如"我同意你去印度尼西亚""我不同意你去印度尼西亚";"我允许你穿这条裙子""我不允许你穿这

条裙子";"他愿意自己完成这个项目""他不愿意自己完成这个项目";"他想在今年成立这家公司""他不想在今年成立这家公司"等。在汉语语句里,也有"同意"与"反对"因加了这类词,语义仍然没有任何变化,维持原意。不过数量非常有限,主要有以下几种。

一、"一会儿"与"不一会儿"

"一会儿",指很短的时间。"不一会儿",表示时间不长,实际上也是指时间很短,与"一会儿"同义。在具体的句子里,"一会儿"与"不一会儿"常常可以互换而语义不变。例如:

[1] 甲:今天开会的人多吗?

乙:是的,来的人很多,会场一会儿就坐满了。

甲:今天开会的人多吗?

乙:是的,来的人很多,会场不一会儿就坐满了。

[2] 甲:你是很晚才回来的吗?

乙:没有啊,我一会儿就回来了。

甲:你是很晚才回来的吗?

乙:没有啊,我不一会儿就回来了。

例[1]中一会儿和不一会儿都是同意的表达方式,而例[2]中的一会儿和不一会儿都是反对的表达方式。句中状语"不一会儿"并不是对"一会儿"的否定,它可能是"不到一会儿"的简缩形式,意即时间之短,因而与"一会儿"意思上没有什么不同。"一会儿"若有后续分句,可以换用"不一会儿",如"甲:他走了?乙:嗯,他刚走一会儿,你就来了",也可以说成"他刚走不一会儿,你就来了";若没有后续分句,则不能换用"不一会儿",如"甲:那我们还休息吗?乙:好的,咱们休息一会儿",不能说成"咱们休息不一会儿"。

二、"差点儿……"与"差点儿没……"

"差点儿摔倒了",是指离摔倒了还差一点儿,实际上并没有摔倒。"差点儿

没摔倒",在回答"摔倒了没有"时,意思是说,差点儿,幸好没摔倒。这两种说法形式上看似相反,实际上是同义的。例如:

[3] 甲:骑车子要小心。

乙:可不,有一次我骑自行车不小心,差点儿撞着小孩儿。

甲:骑车子要小心。

乙:可不,有一次我骑自行车不小心,差点儿没撞着小孩儿。

[4] 甲:骑的再快点!

乙:不行,有一次我骑自行车不小心,差点儿撞着小孩儿。

甲:骑的再快点!

乙:不行,有一次我骑自行车不小心,差点儿没撞着小孩儿。

例[3]中"差点儿"和"差点儿没"都是同意的表达方式,而例[4]中的"差点儿"和"差点儿没"都是反对的表达方式。有些动作、行为如"摔倒""撞""忘""过去"都属于不希望实现或不愿意发生的事。如果是希望实现或愿意发生的事,则"差点儿……"与"差点儿没……"意思相反,如"差点儿考上大学",实际上是没有考上,可能离录取分数线还差一点儿;"差点儿没考上大学",是考上了大学,只不过考试成绩比录取分数线高出一点儿(渡边丽玲,1994)。

三、"难免……"与"难免不……"

"难免"表示主观上不容易避免,多用在动词之前。有时动词前加上"不",并不表示反对,这就出现同意形式与反对形式同义现象。如"难免犯错误",意思是犯错误不可避免;"难免不犯错误",不可理解为不犯错误难于避免,实际上还是"难免犯错误"这个意思。类似的例子有:

[5] 甲:他被批评了?

乙:是的,他做事粗心大意,难免受批评。

甲:他被批评了?

乙:是的,他做事粗心大意,难免不受批评。

[6] 甲:别过多责怪自己。

乙：不行啊，我信口开河，难免说错话。

甲：别过多责怪自己。

乙：不行啊，我信口开河，难免不说错话。

例［5］中的"难免"和"难免不"都是同意的表达方式，例［6］中的"难免"和"难免不"都是反对的表达方式。这类句式所说的事如"犯错误""受批评""被人误会""说错话"，也是不希望或不愿意发生的。若果不可避免的事是从否定方面来说的，"难免"和"难免不"两者之间就不能互换。如"小孩儿还不懂事，难免不听话"，不能说成"小孩儿还不懂事，难免听话"。

四、"当心……"与"当心别……"

"当心"，是小心、留神的意思，若后面带动词，前加否定词"别"，其同意和反对表达方式在语义上没有什么区别。如"当心着凉"，是说要避免受凉感冒；"当心别着凉"，意思是当心啊，别着凉了，与"当心着凉"同义，类似的例子还有：

［7］甲：这里可真暗，有些看不清。

乙：是的，晚上走路当心滑倒。

甲：这里可真暗，有些看不清。

乙：是的，晚上走路当心别滑倒。

［8］甲：至于照看的那么勤啊？

乙：不行，这一段治安不好，当心丢了东西。

甲：至于照看的那么勤啊？

乙：不行，这一段治安不好，当心别丢了东西。

以上例［7］中的"当心"和"当心别"是同意的表达方式，例［8］中"当心"和"当心别"是反对的表达方式。这类句式所说的如"滑倒""看错题目""丢了东西"也都是不希望或不愿意发生的。"小心"这类动词后面若带名词，如"小心灯火"，不出现同意、反对表达方式同义的现象。

五、"好……"与"好不……"

副词"好"可表示程度深,如"好冷",意思是很冷。而有些双音节形容词,前加"好不",却表示"同意"的意思,如"好不热闹",意思是非常热闹,与"好热闹"完全同义。类似的例子还有:

[9] 甲:他知道错了?

乙:是的,他这回哭得好伤心。

甲:他知道错了?

乙:是的,他这回哭得好不伤心。

[10] 甲:他丢了东西从来都不在乎。

乙:没有,他丢了手机好心疼。

甲:他丢了东西从来都不在乎。

乙:没有,他丢了手机好不心疼。

例[9]中的"好……"与"好不……"都是同意的意思,例[10]中的"好……"与"好不……"都是反对的意思。但是"好容易"与"好不容易"却都表示很不容易的意思,与以上的例句相反。如"好容易才走到目的地",并不是很容易走到目的地这个意思,而是指的很不容易,与"好不容易"意思相同。

六、"来……以前"与"没来……以前"

"来中国以前",指的是来到中国之前的时段。"没来中国以前",指的是没有来到中国之前的时段,与"来中国以前"在语义上没有任何差异,都是指进入中国国境之前的那段时间。类似的例子有:

[11] 甲:你在小学教书?

乙:是的,来北京以前,我在小学教书。

甲:你在小学教书?

乙:是的,没来北京以前,我在小学教书。

[12] 甲:他还清醒吗?

乙：他来医院以前就昏迷了。

甲：他还清醒吗？

乙：他没来医院以前就昏迷了。

例［11］中的"来……以前"和"没来……以前"是同意的表达方式，例［12］中的"来……以前"和"没来……以前"都是反对的表达方式。

七、"非……不可"与"非……"

"非你去不可"是双重否定的说法，即肯定的意思，相当于"一定要你去"。这类句式常常承接上一句说下来，如"上回你没去，这回非你去不可"。也可以换一种说法："上回你没去，这回非你去"，"非你去"可看作"非你去不可"的简缩形式，意思仍是"一定要你去"。类似的例子还有：

［13］甲：我当时不想让他去了。

乙：就是，他不去就算了，为什么非让他去不可。

甲：我当时不想让他去了。

乙：他不去就算了，为什么非让他去。

［14］甲：你不说话不行吗？

乙：不让我说，我非要说不可。

甲：你不说话不行吗？

乙：不让我说，我非要说。

例［13］中的"非……不可"与"非……"表示的是同意的意思，例［14］中的"非……不可"与"非……"表示的是反对的意思。

八、"非……不成（行）"与"非……才成（行）"

"非你去不成"也是双重否定的说法，意思是"一定要你去"。"非你去才成"，表示一定要你去才可以，这里的"非"已不是否定词，而是必须之义，因而与"非你去不成"同义。类似的例子还有：

［15］甲：怎么偏得我出面啊？

乙：是啊，这么大的工程非靠你的力量不行。

甲：怎么偏得我出面啊？

乙：是啊，这么大的工程非靠你的力量才行。

[16] 甲：我不想去。

乙：那哪儿成啊，你非亲自跑一趟不行。

甲：我不想去。

乙：那哪儿成啊，你非亲自跑一趟才行。

例［15］中的"非……不成（行）"与"非……才成（行）"表示的都是同意的意思，例［16］中的"非……不成（行）"与"非……才成（行）"表示的都是反对的意思，语义都是必须你得去，离了你不行。"非…才…"后面不能用"可"，如"非靠集体的力量才行"，不能说成"非靠集体的力量才可"。

第五节　小结

本章主要介绍了同意、反对的主要表达方式，除了普通的十一种表达方式之外，还有一些特殊的表达方式，它们借助某些词和特殊的句式来表示同意和反对的意思。同时介绍了同意、反对语义相同的表达方式。这类语句的共同特点是，从其结构形式看，一个是同意的，一个是反对的，但其语义却没有什么差异，几乎都是同意的意思（除"好容易""好不容易"都表示反对外）。列举了八组同意、反对同义的语句，可能概括不了此类同义现象的全部。此类同意、反对同义现象，在汉语国际教育和国内的汉语国际教育和国内的对外汉语教学中，会使外国学生感到困惑，出现理解上的偏误。因此，在教学中碰到这类语句，就要指出这只是汉语语句中的特殊现象，尽可能予以列举，说明其出现的条件，指导他们正确理解其语义。

第二章

同意、反对表达方式的分类

第一节 显性类的同意、反对表达方式

显性类的同意、反对表达方式是指具有明显的表示同意、反对的态度或观点,从句子或者词语的表面形式就能知道是同意还是反对的意思。

一、显性类的同意表达方式

这一类表达方式的特点是具有明显的表示同意的词语。例如,答应、答允、同意、许可、允许、赞成、赞同、赞许、准许等。其中使用频率最高的三个动词为:答应、同意、允许。例如:

[1]记者:我很同意你的这个看法。(曾卓,《文人的自省》)

[2]他同意地点了点头。

这三个动词在词义上都含有"同意"这一语义成分,根据它们共有的语义特征,可称为"同意类"动词,它们在语法、语义上都有各自的特点(张言军,2005:35-36)。这里我们主要讨论一下对动词的施事和受事的语义要求,其他成分限于篇幅,本书暂不涉及。

1. **动词"答应"对于其共现成分的语义要求**

[3]我答应你。(余华,《活着》)

[4]他答应了做教育局长。(老舍,《四世同堂》)

[5]我终于答应了和他一起去乡下。(肖华,《往事悠悠》连载之二)

从前面的例句中，我们可以看出动词"答应"的施事必须是人或跟人有关的机关、团体，而不可以是非生命的其他物体或跟人无关的其他事物。如例［3］、例［4］、例［5］中的施事都是"人"，而"答应"对于受事的则要求是具体的、非抽象的事物，如例［4］中的"做教育局长"便是很明确的一件事。

2. 动词"同意"对句中共现成分的语义要求

［6］你做什么我都不会生气的，要紧的是你要对我说实话——你同意明天去医院检查检查了。（王朔，《痴人》）

［7］她走来并在我的床上坐下，似乎表示她完全同意我刚才的想法。（余华，《此文献给少女杨柳》）

［8］党委完全同意你们的要求。

［9］我也确实同意他的分析。（刘心武，《曹叔》）

从前面的例句我们可以看出，"同意"这一动词的施事也大多是人或跟人有关的机关、团体或其他组织，如例［6］、例［7］中的施事都是个体的"人"，例［8］中的施事是跟人有关的组织"党委"。动词"同意"对受事的语义要与"答应"是有区别的，即它的受事并不限于具体的事件或行为动作，如例［6］中的受事"明天去医院检查检查"都是具体的有所指的事件或行为动作；例［8］中的受事"他的分析"则是抽象的概念。

3. 动词"允许"对其句中共现成分的语义要求

［10］教师既要严格要求学生，又要有足够的耐心进行必要的等待，并且允许学生在进步过程中的反复，即允许学生犯错误和重犯错误。（桑标、徐浙宁，《儿童心理世界——论儿童的心理发展与教育》）

［11］当时政策允许生2胎，她想抓紧时间生育，然后全身心投入工作。

［12］我国商标法规定允许商标权的转让，但转让人和受让人应当共同向商标局提出申请。

［13］国家允许协商定价或议价的，由当事人双方协商议定。

由前面的例句可以看出，动词"允许"对其施事的语义要求和动词"答应"和"同意"不同，"允许"的施事既可以是具体的人或跟人有关的机关、团体或组织，如例［10］中的施事，也可以是抽象的事物，如例［11］、例［12］中的"政策""商标法"都是很抽象的概念或事物。由前面的例子可以看出,"允许"的受事大多是表示具体的事件或行为动作,如例[11]中"生2胎"是具体有所指的事件或事物。

二、显性类的反对表达方式

这类表达方式的特点是具有明显的表示反对的词语,语义和形式都是明显的反对表达方式。例如,不、没、没有、难免、别、非、未、不必、不用（甭）等。

（一）由否定性副词构成的反对表达方式

例如,不、没、没有、难免、别、非、未、不必、不用（甭）等。

[14] 甲：你陪我去玩会儿吧。
    乙：不去。
[15] 甲：要不我这本书借给你？
    乙：不用了。

（二）由否定性动词构成的反对表达方式

例如,没、没有等否认、否定意思的词语。

1. 单独的否定词,如"不,别,没（有）,甭"

[16] 父亲：快去看看客人到了没有。
    儿子：不！

2. 在"想、愿意、能"等动词前加上否定词

[17] 甲：你想和我一起看电影吗？
    乙：不想。

第二节 语义类的同意、反对表达方式

这类表达方式的特点是：无明显表示同意的词语或者带有表示反对的词语,但语义上却是同意的意思。这里需要特殊指出的是同意、反对表达方式的不对

称形式。一个谓语部分有否定词的句子，一般说来，其意义也是反对的。这就是说，形式上的反对和意义上的反对是一致的。在实际的语言运用中，也会遇到形式上的反对和意义上的反对不一致的句子。例如，"这不是很好吗？"意思是"这很好"，形式上是反对的，而意义上却是同意的，又如，"管他呢！"意思是"不要管他"，形式是同意而意义是反对。这种形式上的反对和意义上的反对不一致的情况，一般的语法教科书很少提及，也不大为语法研究者所注意。因为这对以汉语为母语的人来说不是难题，可是对把汉语作为外语来学习的人，却往往是难点。弄清这方面的情况，在汉语国际教育和国内的汉语国际教育和国内的对外汉语教学中具有实用意义。下面主要讨论三个问题：反对形式的同意；同意形式的反对；同意形式与反对形式意义相同。

一、语义类的同意表达方式

（一）反对形式的同意

这类句式的特点是句子的表面形式是反对的，但其语义却是同意的。下面列举的是带有否定词的反问句常用句式（不是全部句式），这些句式都有形式上的特点或一定的格式。至于一般反对形式的是非问句、特指问句、选择问句带上反问语气表示同意的句子，因为大多缺少形式上的特点，我们没有列举。要说明的是，多数反问句都有反对形式表示同意、同意形式表示反对两种语义功能，所以我们有的列为反对形式的同意句式，有的列为同意形式的反对句式，是看其哪种句式出现的频率高。出现频率差不多的，则既在反对形式的同意句中列举，也在同意形式的反对句中列举。

1. 不是……吗

这种反对格式加在句子的谓语部分（动词性谓语、形容词谓语、名词性谓语、主谓谓语均可），句子的意思是同意的，有强调的意味。例如：

［1］我认识很多字，读书不是更容易吗？

［2］你全都算上不是才坏了两次吗？

［3］每次回老家，不都是这样吗？

[4] 你难道不是经理的亲属吗？

这样的句子一般为"是"字句加"不……吗"来强调。因为"不是……吗"的"是"和"是"字句的"是"重复，故省去一个。例[3]中"是"前加了"都"副词修饰来修饰，也可加上"就、正"等副词。例[4]中在"不是……吗"前加了"难道"语气副词，也可以加语气副词"岂"，使语句的同意意味更强烈。但是注意：如果"不是……吗"中间已有否定词，则句子的意思是反对的：例如：你不是也没吃吗？（没吃）；我的脚不是不方便吗？（不方便）。

2. **疑问代词"谁、怎么、哪、哪里（儿）、什么"等 + 反问句**

这类反问句的意思是同意的。如果句尾有语气助词"呢"，则语气显得委婉一些。例如：

[5] 谁不知道他和老张是对头？

[6] 他什么不知道！

[7] 哪儿不一样呢？

前述例句的重音都在疑问代词上，如果重音在动词上，就成了一般的疑问句，试比较：他什么不知道？（他知道）；他什么不知道？（他为什么不知道）。

3. **"敢、能、会"等助动词 + 反问句**

[8] 东西是我丢的，我能不心疼吗？

[9] 你要把事情分给我点儿，我敢不好好去做吗？

[10] 每天老师留的作业，你会不知道？

[11] 在这个舞台上无论演什么戏，怎么能跟你没关系？

以上例句的句子语义是同意的。例[11]中把助动词和疑问代词合起来用在反对形式的反问句里，使语气显得舒缓。

4. **"还不，可不" + 反问句**

[12] 前天七个、昨天三个，可不是十个？

[13] 你看辛苦了一年，还不值得看看？

这类句子有"当然""理所当然"一类的同意语义。

5. 前一分句是反对形式，后一分句是特指问句

［14］你不让开路，我们怎么过去？

［15］党员不带头，谁带头？

［16］这个字不这么读，怎么读？

这种句子的意思是同意的。例［14］的意思是你应该让路，例［15］的意思是党员要带头，例［16］中两个分句的主语相同，也可以用紧缩句的形式，意思是就应该这么读。

6. 句首有"谁说"之类词语 + 反问句

［17］谁说当干部的说了不算！

［18］谁说他不行！我看他很有水平。

前述例句同意的语义较强，带有反驳的意味。如果句子是同意形式，则语义是反对的。

7. "可不是""这（那）不么""不是说"等

［19］甲：就剩你一个人啦？

乙：可不是，都出去了。

［20］不是说，这么一来就算万事大吉了。

［21］这不么，这本书我一找就找到了。

这类句子意思是同意的。它们常用在句子的开头，表示一种同意的语气。

8. "看我不……"开头的句子

［22］你要是眼睛不瞧着它，摔了盆，看我不好好揍你一顿！

［23］再胡说，看我不把你赶出去！

［24］总拿我开玩笑，看我不生气的！

前述例句表示"一定……"的意思。这种句子也可以转换成正反问句形式的反问句，例如，"看我不揍你一顿"可说成"看我揍不揍你一顿"。

9. 不（没）……才怪（呢）！

［25］他不给你胡搞才怪呢！

［26］今天他要是不发脾气，那才怪呢！

［27］要在街上遇见，我要不说你们是一对电影明星才怪！

前述例句是反对形式的主谓短语作主语，"才怪（呢）"作谓语的句子，意思是同意的，表示"一定……""必定……"之类的语义。例［26］是复句，两个分句主语相同，故第二分句主语承前省略，所以第二分句实际上也是主谓短语作主语。如果是同意形式的主谓短语作主语，则句子的意思是反对的。

（二）双重否定句是常见的反对形式的同意

语法研究者对双重否定句的定义和范围说法不尽相同。一般认为一个句子的谓语部分有两个否定词，其语义是单纯的肯定，这样的句子就是双重否定句。这种否定句因为有两个否定词，其语义实际上是同意的，常用格式如下：

1. ……不……不

这是使用频率最高的一种双重否定格式，根据两个否定词中间的动词的不同性质，又可分为下列几种类型。

（1）……不+是+不/没有……

［28］你不是不愿意听我胡说啊？

［29］现在开始学，得个及格不是没有可能的。

［30］现在想的不是不被他压倒，而是压倒他。

这一类例句，两个否定词中间除了"是"以外，其他词语不多见，意在同意第二个否定词后的动词（或形容词）所表达的意思，语意较重，有强调的意味。

（2）……不+助动词+不/没有……

［31］这不能不使他更为吃惊。

［32］很遗憾，我们不得不拒绝。

［33］出入境不允许不带证件。

前述这种双重否定句是由一部分助动词放在两个否定词之间构成。这类句子有"必须……""一定……"之类的意思，句子显得语气委婉，如例［32］所示。有些动词虽不是助动词，但在句子中的语义和语法功能近于助动词，如"容、准、允许、算"等，它们也可以出现在两个否定词中间构成双重否定句。

例[33]的意思是"必须带……",这和两个否定词中间是助动词的双重否定句相似。

(3)……不+关系动词+不……

[34]你不知道不等于这个严重的事件不存在。

[35]做个学生,并不意味着不能好好锻炼能力。

[36]这不叫不识货,是没这个能力。

前述例句的关系动词指为数不多的具有关联、判断等意义的动词,如"意味、象、等于、叫"等。这些句子的语义都是单纯的一种同意的意思,即句子的基本意思在第二个否定词后动词上,如例[34]中基本意思是"存在",余类推。

2.……没有……不……

这种格式两个否定词中间一般是体词性成分,大致可分为下列几种类型。

(1)……没有+数量词+不……

[37]只要是党的会议,她是没有一次不参加的。

[38]她的话,没有一句不是正确的。

例句的数量词一般是"一+量"。这种双重否定句所表示的同意具有周遍性,含有"都……""全都……"的意思,也是同意的意思。

(2)……没(有)+名/代+不/没……

[39]他的名字没有人不知道。

[40]学生们也再没有理由不接受老师的批评了。

[41]会上没有谁不同意他的意见。

例句和"……没有+数量词+不……"相同,也含有"全都……""都……"的同意的意思。

(3)……没有(无)不……

[42]任何时候任何地方,有了上层的推动,没有不便于下层工作的。

[43]同学们没有不说他好的。

[44]凡亲眼看过他工作的人,无不为之感动。

这类双重否定句常常在句末有语气助词"的"。有的句子可在"没有"和"不"之间补出"人、谁、一个"之类的名词、代词或数量词,如例[43]"同学们没有不说他好的"，可说成"同学们没有一个不说他好的"。所以可把它看成前两种句式的省略说法。有"无不……"的句子在"无"和"不"之间一般不能出现名词、代词或数量词，但是有如下的习惯说法："无人不知""无人不晓"等。

3. ……非……不可

［45］看来这个班长非当不可了。

［46］干这种事非老张不行。

［47］但我们现在做这件事情，非得尽早拿出方案来弥补事先估计不足所带来的损失不可。

这是双重否定句用得最多的固定格式，表示"一定要……""必须要……"的肯定语义，有强调的意味。"非……不可/不成/不行"中间可以嵌入不同的成分，最常见的是嵌入动词性短语（包括主谓短语）。还可嵌入单个的动词、名词或由"被""把"等组成的介宾短语，如例［45］、例［46］。有时嵌入的成分非常复杂，如例［47］。

4. ……不……不行

［48］不简化看来不行。

［49］要生活，不付出辛苦不行。

［50］商店离他们住的地方太远，不这么早点动身不行。

这类例句也可看作双重否定句的一种固定格式，表示"一定要……""必须要……"的同意语义。但比"……非……不可"语义轻，较委婉，有"如果不……就不……"的意思。在"……不……不行"中可嵌入的成分是动词、形容词或动词短语。

5. ……没有……不行

［51］一个干部没有理论素养不行。

［52］现在打仗，我们的军官没有现代化战争技术不行。

［53］要认识职员也是生产中不可缺少的，没有职员画图、写账、打算盘也不行。

上述例句是和"……不……不行"相似的一种双重否定句的固定格式，也表示"一定要……""必须要……"的同意语义，比起"非……不可"语义轻。但是"……没有……不行"中间只能嵌入名词、名词性短语或主谓短语，而不能嵌入动词、形容词或动词短语，这是和"……不……不行"不同的地方。

（三）同意形式与反对形式意义相同

在考察形式上的反对和意义上的反对不一致的种种情况时，我们还会遇到一种有趣的语言现象，即同意形式与反对形式意义相同。这已被许多语法研究者所注意，我们这里所做的只是对已有研究成果的收集、整理和补充。

1. 好（不）……"

"好"修饰为数不多的双音形容词或某些状态动词时，同意形式与反对形式意义相同，如"好不容易=好容易；好不热闹=好热闹；好不厉害=好厉害"。

［54］期末考试好容易啊！

［55］吃尽了苦头的老爷爷，能活到今天好不容易啊！

［56］好不容易找到了这个地方。

好容易找到了这个地方。

［57］节日前夕的市场，好不热闹。

节日前夕的市场，好热闹啊！

"好"如果作谓语，则同意形式与反对形式表示的意义并不相同，如例［54］指很容易，例［55］指很不容易。但是值得注意的是："好（不）容易"只有作状语时，同意形式与反对形式意义才相同，都表示反对，如例［56］是指不容易。"好"修饰其他动词、形容词组成的短语，多作句子的谓语、补语，同意形式与反对形式意义相同，都表示同意，如例［57］表示很热闹，这是与"好（不）容易"不同的。

2. 差一点（没）

"差一点"修饰动词短语时，如果这个动作是说话人不希望发生的，则肯定形式与否定形式意义相同，都表示反对。"差一点忘了=差一点没忘了；差一点睡着了=差一点没睡着"是同义的。

［58］差一点完成了。

　　　差一点没完成。

［59］差一点选上。

　　　差一点没选上。

如果动词表示的是说话人所要达到的目的或希望发生的事情，则同意形式表示反对意义，反对形式表示同意意义，如例［58］差一点完成了是没完成，差一点没完成是完成了。例［59］差一点选上是没选上，差一点没选上是选上了。

3. 就/只差（没）

［60］就差往脸上吐唾沫了。（没吐）

　　　就差没往脸上吐唾沫了。（没吐）

［61］她气得只差哭了。（没哭）

　　　她气得只差没哭了。（没哭）

［62］谈判顺利，就差签字了。（没签字）

　　　谈判顺利，就差没签字了。（没签字）

例［60］的意思是没吐；例［61］是没哭；例［62］是没签字。"就/只差"修饰动词短语，反对形式和同意形式意义相同，都表示反对的意思。

4. ……（之/以）前

［63］上课以前＝没上课以前。

［64］吃饭前＝没吃饭前。

［65］开车之前＝没开车之前。

上述例句的动作动词、动词短语、主谓短语置于时间词，"……（之/以）前"的前边，同意形式和反对形式意义相同，都表示反对的意思。

5. 小心（别）……

［66］小心滑倒＝小心别滑倒。

［67］小心着火＝小心别着火。

［68］小心触电＝小心别触电。

例句中"小心"后面的动词短语都是消极意义的,即说话人不希望发生的事情。"小心"后的某些动词短语,同意形式与反对形式意义相同,都是反对的意思。即"没滑倒,没着火,没触电"。

6. 好悬(没)……

〔69〕好悬掉下去＝好悬没掉下去。

〔70〕好悬迷了路＝好悬没迷路。

〔71〕好悬碰钉子＝好悬没碰钉子。

例句中的"好悬"在修饰某些动词短语时,同意形式和反对形式都表示反对意义。"好悬"修饰的动词短语,也都是说话者不希望发生的事情。

7. 险些(没)……

〔72〕险些误了大事＝险些没误了大事。

〔73〕险些丧了命＝险些没丧了命。

〔74〕险些掉在水里＝险些没掉在水里。

例句中"险些"修饰某些动词短语时,同意形式和反对形式意义相同,都是反对的。"险些"修饰的动词短语也大多是说话人不希望出现的事。表示说话人希望出现的事的动词短语可以被"险些"修饰的较少见,如"险些不及格",意思是"及格了",反对形式表示同意意义。但是肯定形式的"险些及格"则不能说。

8. 难免(不)……

〔75〕难免犯错误＝难免不犯错误。

〔76〕难免出问题＝难免不出问题。

〔77〕难免被人议论＝难免不被人议论。

例句中放在"难免"后面的动词短语和"被"字短语,反对形式和同意形式表示的意义相同,都是同意的。能够放在"难免"后面的同意形式和反对形式意义相同的动词短语不多,而且都是表示说话人不希望出现的事情。有人认为"难免不犯错误"之类句子是病句,"不"字是多余的。我们认为"难免"和前面列举的词语一样,也具有同意和反对表示相同意义的特点。

前面讨论的形式上的反对和意义上的反对不一致的几种情况,只是举例性质的粗略描写，既不全面，也没有进行深入的理论探讨，但是从中已经可以看出汉语表达手段的丰富和精微细密。这也给把汉语作为外语来学习的人带来了困难，因此研究这一语言现象，是有实用价值的。

二、语义类的反对表达方式

这类反对表达方式的特点是没有表示反对的词汇，但语义却是"反对"和"不同意"的意思。

（一）不带否定词的反问句，意思是反对的

1. 动/形 + 什么

［78］你们吵什么，有话慢慢说嘛！

［79］这成什么体统？

［80］为这点小事生什么气！

例句中表示动作和状态的动词（单音动词居多）和某些形容词（非谓形容词除外）后加"什么"作谓语，意在否定动词或形容词所表达的语义，并含有不满意、不耐烦或反驳等语气。一般说来，动词后的"什么"重读，形容词后的"什么"轻读，插入动宾结构动词和动词与宾语中间的"什么"也轻读。

2. 有什么……

［81］即使人们议论你跟他好，又有什么可怕的呢？

［82］表面上热热闹闹，有什么值得夸耀的呢？

［83］这种翻译有什么难的！

例句中的"有什么"放在某些形容词或具有形容词性质的动词短语前共同作谓语构成的反问句，意思是反对的，意为"一点也不……"，重音在"什么"上。如果"有什么"后有否定词，则全句的意思是同意的。但是能以否定形式出现在"有什么"后的词语不多，常用的有"不好、不放心、不体面、见不得人、不可以、不合适"等。值得注意的是，这些词语的同意形式（"好"除外）一般不能出现在"有什么"之后，例如"有什么不好"和"有什么好（的）"的意思不同。

3. 至于……吗

[84] 谁说你什么了，至于这样吗？

[85] 为几句话至于闹翻吗？

[86] 这么点事就伤心了，至于吗？

例句中的"至于"后是肯定形式的动词短语、形容词短语，或是"这样""如此"之类的词语，这种反问句的意义是反对的，有"不必……""不该……""不值得……"等意思。"至于吗"也可单独作谓语，表示反对，如例[86]。

4. 干嘛（吗）（干什么、做什么）

[87] 你们想做什么还管那么多干嘛！

[88] 天气这么好，你穿那么多衣服干什么？

[89] 我干嘛嫉妒她？

例句中谓语前或句末有"干吗（干什么、作什么）"的同意形式的反问句，也表示反对，有"……不该……""不必……""不会……"的意思。

5. 动/形+得了（着、完、起、成、过来……）+吗

[90] 一个人喊下台，大伙跟着起哄，我受得了吗？

[91] 这么贵的房子我买得起吗？

[92] 老吃咸菜吗，胖得了？

例句中的谓语是这类形式的反问句意义是反对的。句末没有语气词"吗"的句子，反对的语气重一些，例[92]，意思是胖不了。

6. 何必、何至于、何苦、何妨、何曾

[93] 自己能干的事又何必去麻烦别人呢？

[94] 你早一点动身，何至于迟到呢？

[95] 早知道他不在家，我何苦白跑一趟！

句子中有"何必""何至于""何苦""何妨""何曾"等语气副词的同意形式的反问句，语义是反对的。例句中的意思分别是"不必麻烦、不至于迟到、不必白跑"，表示反对的意思。

7. 怎么、谁、哪、哪儿、哪里

［96］已经上课了，你怎么还说话？

［97］在这地盘上，甭说招他，谁敢多瞧他一眼哩！

［98］我的本事你知道，怎么能挑得起这个担子？

如果句子谓语前有"怎么、谁、哪、哪儿、哪里"等疑问代词的同意形式的反问句，语义是反对的。这些疑问代词后常跟着"有""是"以及助动词"会、能、敢"等。"谁，怎么"后也常有副词"还"。

8. "能、会、敢"等助动词

［99］没有我的推荐，你会办成？

［100］就凭他，能跟我比吗？

［101］谁都不怕他们，他们还敢欺负你们吗？

句中有"能、会、敢"等助动词的同意形式的反问句，作假设或条件复句的第二分句时，语义是反对的。

（二）反问句以外的同意形式的反对

1. 动/形+（个）屁

［102］遇上个没良心的人一逼您，您那点良心有个屁用！

［103］问他没用，他知道个屁！

［104］那地方好个屁？

上述例句是表示反对的口语句式，这些句子的反对语义近于由"动/形+什么"构成的反问句，但反对的意味更强烈，并带粗俗的色彩。

2. 管他（你、什么）……

［105］管他真假，唬住他们就成！

［106］只要小妞不落泪，管什么金贵不金贵！

［107］甲：要下雨了，我们该回去了。

　　　乙：管他呢！既然来了就玩个痛快！

例句中的"管他"后面常常是两种相反情况对举，或同一词语放入"×不

×"格式中,表示反对,有"不要管……""不管……"的意思。有时"管他呢"可独用,表示反对,如例［107］。

3. 谈何容易

［108］事情并不复杂,但讲清楚谈何容易!

［109］什么?三天译完五万字,谈何容易!

"谈何容易"常常作句子谓语(主语不能是简单的名词、代词),表示反对的意思。

4. 很难设想

［110］很难设想,他今天会按时来。

［111］很难设想,九月底大楼能盖得起来。

"很难设想"如果后续语句是同意形式,则整个句子的意思是反对的,这是一种委婉的反对表达方式。

第三节 语用类的同意、反对表达方式

语用学和句法学、语义学等学科一样,都是语言学的重要分支。顾名思义,语用学就是关于语言使用的学科,其定义有很多种解释,其中最基本的界定是:"语用学是研究话语在使用中的语境意义,或话语在特定语境条件下的交际意义,包括意义的产生与理解,也包括交际中语言形式或策略的恰当选择和使用"(冉永平,2006)。语用类同意、反对表达方式属于一种隐性的表达方式,它分为:语境中的同意、反对表达方式;会话含义中的同意、反对表达方式;礼貌原则中的同意、反对表达方式;言语行为中的同意、反对表达方式;指示语中的同意、反对表达方式;预设中的同意、反对表达方式。

一、语境中的同意、反对表达方式

语境是语言学中一个重要的、相对比较抽象的概念,不同的语言学家对此

有不同的理解，简单说就是语言的上下文。总的说来，语境是指交际过程中表达某种特定意义时所依赖的因素，包括交际的参与者及其身份、地位、爱好、感情、意图、音调、表情、时间、地点、场合、话题、社会规约、会话规则等，是确定话语意义的决定性因素，舍此则无意义可言。

（一）语境中的同意表达方式

语言的理解是一个复杂的认知心理过程，这种复杂性表现在言语交际受制于交际场合和社会、文化因素，也表现在说话人的话语组织依赖于听话人在特定交际环境中的语境假设能力及推理能力（何自然，1997）。没有特定的语境，人们就无法交流。一句话在特定的语境下有其特殊的含义。例如：

［1］你可真行啊！

同样一句话：你可真行啊！放在不同的语境中，句意是完全不同的。如果乙求甲办了一件事情，甲给处理得很好，并且成功地为乙办成了这件事，乙遇到了甲说：你可真行啊！这里的"你可真行啊！"就是乙真心地对甲的称赞，是一种肯定和认可。但是如果乙求甲的事情甲没有办成，相反只是甲为了面子敷衍搪塞甚至躲避乙的询问，乙遇到甲说：你可真行啊！在这种语境中就是一种反语，对甲的一种否定和讥讽态度。

（二）语境中的反对表达方式

［2］儿子：今天考试我得了满分！

父亲：今天太阳从西边出来了吧？

［3］甲：今天看电影吗？

乙：明天有考试。

这两段对话中，例［2］中父亲使用了一句"太阳从西边出来了"，就是建立在太阳不会从西边出来的常识基础上的。太阳从西边出来是不可能的，所以父亲借此传递"儿子考试得满分是不可能的，也不相信这件事情"这个信息，是对儿子话语的一种不信任甚至是讽刺。例［3］中甲询问是否看电影，但是乙没有直接回答不去，而是用了一句"明天有考试"为理由，意思是别去了，明天还要考试呢。

二、会话含义中的同意、反对表达方式

（一）会话含义理论

"会话含意是在理解句子衍推的基础上根据提出的会话原则推导出来的意义"（邓炎昌，1989）。格莱斯的会话研究的主要对象是自然语言，对人们日常会话的分析，他认为会话双方在会话过程中都会有意识或者无意识地遵守一种合作原则，至少在某种程度上有一个共同目标。在实际交际中，说话人和听话人不能做到完全遵守会话"合作原则"的所有准则，即人们在说话时不都自觉地做到不多说也不少说（量的准则），说真话（质的准则），说的话与要表达的意图有关联（关联的准则）和说话做到清楚明白易懂（方式准则），这样在交际中一旦违反"合作原则"中的一个或多个准则，往往会产生会话含义。会话含义学说主要解释人如何通过具体的语境识别说话人话语背后的意图和说话人怎样让听话人懂得自己的意图等问题。

（二）合作原则和会话含义

美国哲学家格莱斯（Grice，1975）认为，会话双方之所以能够进行交流是因为遵守一些基本原则，这些原则使双方在会话中互相配合，以达到相互理解的目的，这就是会话的合作原则，由四个准则组成：量的准则、质的准则、关系准则、方式准则。他注意到人们在实际会话中常不遵守这些原则，有时故意违反某种准则，这就使听话者要通过说话者的字面意义推测出话语的真正含义，产生会话含义。这就是说，在所有的语言交际中为了达到特定的目标，说话人和听话人之间存在着一种默契，双方都应该遵守原则，这种合作使人们能够持续地进行有意义的语言交际。汉语口语交际中当然也同样需要遵守这一合作原则，但在实际的会话过程中，合作原则下的四个准则只是几个约定俗成的规约，而非严格的语言规则，是可以违反的。格莱斯认为会话含义的产生往往是由于违反其中某一（些）准则的结果，但同时，不论说话人还是听

话人都知道说话人还是遵循合作原则的,也就是说,"愿意合作"是说话人通过违反准则产生会话含义的大前提。总之,人们往往在遵守合作原则时违反其准则而产生会话含义以巧妙地达到其交际目的。因而在日常口语交际中,一方面,往往因为语境的作用而出现省略简洁的对话;另一方面,人们不总是直接地说出自己想要说的话,而常常是含蓄地向对方表明自己的意思,这就产生了"字面意义"和"言外之意"的区别,人们所说的话语和话语的用意间常有一定的距离,这种话语的用意就是"会话含义"。

(三)会话含义中的同意、反对表达方式

在交际过程中,尤其是在跨文化交际过程中,说话人常常违反会话准则,这必然会产生会话隐含意义。下面我们就通过对合作准则违反的实例,分析出汉语的会话隐含意义。

1. 对量的准则的违反

量的准则包括两个方面的内容:(1)所说的话应包含交谈目的所需要的信息;(2)所说的话不应包含超出需要的信息(何自然,1997)。即量的准则要求会话中的信息不多也不少。

[4]甲:你爸爸一个月能挣一万?

乙:很多。

乙不习惯别人问他们父母的收入,听到这样的问题时,他们会回答"很多"。这个回答不是一个信息量充足的具体回答,没有包含交谈目的所需要的信息。它违反了量的准则,所以产生了会话隐含意义,那就是:这是我们家的私事,我不愿意告诉你,你不应该问这样的问题。如果甲不了解这里的会话隐含意义,再追问下去,就必然会引起不快,使会话难以进行下去。

[5]甲:(在路上)你去哪儿?

乙:出去。

乙不习惯在路上问"你去哪儿?"这样的话,因为乙觉得这是在打探别人的隐私。甲从乙的回答中找到的根据,因为回答者的回答太简单,量太少,不符合量的准则,所以甲推导出了隐含意义是回答者不高兴了,他嫌我多管闲事,

显然产生了误解。

从以上两段对话我们可以看出,如果交际中信息量太少的话,就会产生会话隐含意义。

[6]甲:你家的孩子真用功啊!每天晚上都练习钢琴。

乙:哪儿啊。

这段对话表面上是在表扬孩子,但听话者会从字里行间得出超越字面意义的会话隐含意义,那就是孩子的琴声影响了邻居的休息。

2.对质的准则的违反

为了维持质的准则,我们应该不去说自知是虚假、缺乏足够证据的话。在实际交际中,对质的准则的违反案例纷繁复杂,下面把对质的准则的违反再分成六个类型。

(1)运用隐喻。

[7]甲:老王工作怎么样?

乙:在工作中,他是一头老黄牛。

答话人显然是违反了质的准则,老王不可能是老黄牛,在这里老黄牛是一个隐喻。在这个句子中,人们根据牛的力大、吃苦耐劳联想到了老王的踏实、肯干、吃苦耐劳的优良品德。但每个民族对隐喻的联想是不同的。同样是这个句子,日本留学生会联想到老王是个慢性子,因为在日本,人们由牛动作慢的特点想到了人的慢性子。在跨文化交际中,由隐喻引起的对质的准则的违反常常会引起误解。

(2)运用反语。

[8]父亲:我们女儿考得怎么样?

母亲:别提了,她考得可好了,老师都找上门来了。

反语就是说反话,乙句开头就说了"别提了",显然是成绩不好,但后面紧跟着说"考得可好了",就是反语,违反了合作原则的质的准则,从而产生了会话隐含意义,那就是用讽刺的手法表示对女儿的不满。

(3)运用夸张。

[9]甲:你饿吗?

乙：我现在能吃下一头牛。

说话者显然是言过其实，没有哪个人能一下子吃下一头牛，这显然是违反了质的准则的真实性要求，所以也就产生了会话隐含意义，那就是这个人饿得不得了。

（4）运用成语。

［10］甲：这次考试你准备好了吗？

乙：没问题，胸有成竹。

成语是一种固定词组，其意义不能由组成成分的意义推知，其中往往积淀了该语言的文化因素，它在语义上和语法上都有其自己的特点，它们必须以独立的成分和特定的意义一起进入交际中。这里因为运用了成语，违反了质的准则，也就产生了不同于字面意义的会话隐含意义：强调对考试十分有把握。

（5）以物代义。

［11］甲：你买这个东西花了多少钱？

乙：三张老头票。

一个词语所表示的词汇意义同想要表达的事物有某些联系，就用这个词语来表示想要表达的事物，这种以物代义的形式可以让人们推出同词汇意义完全不同的会话隐含意义。因为100元的纸币上印有领袖的头像，所以人们常用老头票来指100元，"三张老头票"也就是300元钱，这就是以物代义引起的会话隐含意义。

（6）以形代义。

［12］甲：你的成长是一帆风顺的吗？

乙：我走过的是一条"之"（字）路。

这样的句子中国学生还能理解，但常让留学生很困惑，"之路"是什么路不得而知，即使查字典也找不到合适的义项。"之"字写起来左拐右拐，"之"字的字形曲曲折折，在这里"之"的词汇意义完全没有用，所要的是"之"字字形引起的会话隐含意义就是成长的曲折、不顺利。

3. 对关系准则的违反

关系准则要求在交际中，前言后语要相关联，不应该离开当时的语境无缘无故地冒出一句话来。如果违反了说话要有关联的这个准则,就会产生会话隐含意义。

　　[13] 甲:我的男朋友不会忘记我的生日,他今晚一定会来的。你说呢?

　　　　 乙:现在已经(晚上)十一点了。

　　[14] 甲:我们去逛街,好吗?

　　　　 乙:我今天觉得不舒服。

　　例[13]中说话人没有直接回答问话人的问题,而是说了一句表面上看同问话毫无关系的话,这违反了关系准则,从而产生了会话隐含意义。说话人并不想告诉问话人现在几点,而是提醒甲:她的男朋友不可能来了,时间已经太晚了,劝她放弃幻想。例[14]中说话人也没有直接回答去不去逛街的问题,而是说了表面上不相干的"我今天觉得不舒服",违反了关系准则,从而产生了会话隐含意义:我不能跟你去。

　　4. 对方式准则的违反

　　方式准则包括四个方面的内容:(1)避免晦涩;(2)避免歧义;(3)简炼;(4)井井有条(何自然,1997:49-51)。如果违反了以上的要求,在会话中就会产生会话隐含意义。

　　[15] 小李:王处长,我家住房太小,这次分房还得请您多多关照。

　　　　　王处长:哎呀,现在什么事情都需要研究啊!

　　[16] 甲:这件事包在我身上,我有关系啊。

　　　　 乙:对,你有关系,你爸爸的叔叔的邻居的妹妹的爱人在公安局当局长。

　　人们说话一般要遵守方式准则,避免晦涩词语,避免一词多义。遵守或违反方式准则,有时能触发歧义。这样的歧义,如果是无意造成的,就常构成语言交际的障碍;如果是说话人有意制造的,就有一定的暗示含义。例[15]中王处长的回答违反了合作原则中的方式准则,他没有对小李提出的请求做出回答,而是用晦涩的词语产生歧义,用谐音"研究"代替"烟酒",因为不能明目张胆地对小李进行敲诈勒索,只能进行旁敲侧击,以此来达到自己隐含的目的。例[16]中的"你爸爸的叔叔的邻居的妹妹的爱人"这些词语显然是非常啰嗦。

它违反了方式准则中要简炼的要求。这必然会产生会话隐含意义，使这个局长同甲的关系显得遥远，由此增强了句子的讽刺程度。

三、礼貌原则中的同意、反对表达方式

礼貌现象普遍存在于各种不同的社会文化和语言环境中，制约人们的言行，协调人们的交际活动。本书在对英国著名语言学家利奇所提出的礼貌原则中的六大准则的基础上，来分析其在汉语语言交际行为中的礼貌原则。

（一）礼貌原则理论

在言语交际活动中，人们通常要遵守一些原则，才能相互理解其话语的含义，格莱斯提出了"合作原则"，他把说话者和听话者在会话中共同遵守的原则概括成上述四准则。之后利奇在格莱斯"合作原则"的基础上，从修辞学、语体学的角度出发，提出了著名的"礼貌原则"，其中包括得体准则、慷慨准则、赞誉准则、谦虚准则、一致准则和同情准则，其核心内容是尽量使自己吃亏，而使别人获利，以取得对方的好感，从而使交际顺利进行，并使自己从中获得更大的利益（张睿，2006）。

（二）礼貌原则中的同意、反对表达方式

格莱斯的会话含意理论提出言语交际的合作原则：会话中双方要遵守合作原则及其四个准则。但是，人们在实际交往中往往不完全遵守这些准则，甚至故意违反这些准则。利奇认为，说话者在交际中故意违反合作原则，不用直接的方式来表达自己的想法，而让听话人去费心推测说话人的真正意图，主要是由于礼貌原因。因为格莱斯的合作原则只解释了话语的字面意义和它的实际意义的关系，以及人们的"言下之意"如何产生、如何理解，但它没有说明为什么说话人要故意地违反合作原则来含蓄表达自己的真意。利奇为这个问题找到一个较为合理的答案：那就是出自礼貌的考虑。于是他提出了言语交际中要遵守的礼貌原则，并且认为礼貌原则可以"援救"合作原则，与合作原则相互补充，这就比较合理地解释了为什么人们在言语交际中要故意违反合作原则。分

述如下：

1. 得体准则

减少有损于他人的观点，增大有益于他人的观点。

［17］家长甲：我们家孩子太皮了，还是你们家孩子好，都不怎么说话，多安静啊。

家长乙：男孩子还是活泼点好啊。我们这孩子安静是安静，可是心里想什么都不说出来，也挺让人担心的。

家长甲说自己的孩子调皮，夸家长乙的孩子安静。家长乙的回答则把家长甲的措词"皮"换成了褒义词"活泼"，这样减少了有损于家长甲的观点，增大了有益于他人的观点。家长甲本身也许并不觉得自己的孩子比家长乙的孩子差，只是谦虚一下而已，家长乙的回答可以说是说到他的心坎里去了，这样家长甲就很乐意与家长乙继续交流下去。

2. 慷慨准则

减少有利于自己的观点，增大有损于自己的观点。

［18］小王：（着急地）怎么办呢？我爸阑尾炎住院开刀了，我得赶回家看看。可是今天还有几份卷子没改呢。真是急死人了。

小李：你先别急啊，赶紧回去看你爸要紧。等我手头上的事情做完了，你那几份卷子我来帮你改吧。

小王说这些话的意思表面上看是表达自己的着急之情（当然事实上他也确实着急），其实他是想让小李帮自己把事情做完，但是小李自己也很忙，所以他也不好意思直接开口，只好说这些话希望小李能主动提出要求帮忙。当然，事实证明小李确实"很懂礼貌"。

3. 赞誉原则

减少对他人的贬低，增大对他人的赞誉。

［19］小张：唉，你觉得这条裙子怎么样啊？我总觉得不值那个价钱。

小何：挺好的啊。桃红色一般人穿起来都显得比较土气，但你皮肤白，效果还不错啊。难得看中自己喜欢的东西，贵就贵点呗。我还想买呢，可惜我穿了一定不好看。

小张和小何两人逛商场，小张试了一条裙子，她自己挺满意，但是因为很贵还拿不定主意，于是就询问小何的意见。这时的小张其实是很想听到别人赞美她穿这条裙子好看，小何的回答直接关系到小张是否买这条裙子。而小何似乎也很明白小张的心理，就不遗余力地"夸赞"了小何一番。虽然她自己不喜欢桃红色，也觉得一般人穿桃红色的衣服都会比较土气，但是话锋一转，把小张排除到一般人以外，这样就增大了对小张的赞誉，同时又对自己进行了贬损，更烘托出小张买这条裙子很值得。

4. 谦逊准则

减少对自己的赞誉，增大对自己的贬低。

[20] 下属：李经理可真年轻。

李经理：哪儿啊，都老太婆了。

中国人的谦逊一直是作为一种美德、一种传统，在这句对话中的谦逊也体现得一览无余。在礼貌原则的六条准则中，谦逊准则在中国被运用得最彻底。

5. 一致准则

减少与他人在观点上的不一致，增大与他人在观点上的一致。一致准则可以有三个方面的体现：完全同意、部分同意和转移话题。

[21] 甲：史密斯教授的讲座真不错，到底是剑桥的教授啊，就是不一样！

乙1：是啊，我也这么觉得。听惯了我们学校那些夫子的枯燥说教，听他的讲座简直就是如沐春风啊！

乙2：嗯，观点确实很新颖，就是有些不知所云。

乙3：唉，我都快饿扁了，先想想去哪里吃饭吧。

上述乙的三种回答分别体现了运用同意准则的三个方面。第一种回答表示了乙完全同意甲的观点，表达了一种"惺惺相惜"的意思，这样乙可以说完全消除了与甲在观点上的不一致，并且把他跟甲在观点上的一致增大到了极限。而第二种回答首先承认自己的观点在某种程度上与甲的观点是吻合的，但是却不能全盘同意甲的观点。在第二种回答的情况下，乙也许对甲的观点并不很同意，但是他没有措词激烈地回答甲，所以他先提出了与甲一致的部分，在阐述自己的观点，这样就留下了缓和的余地。而第三种情况下，乙对甲的观点不以为然,也不愿意违心地说出一些符合甲的话语,所以干脆就不置可否,直接转移话题,使甲无法将讨论史密斯教授讲座的话题进行下去。

6. 同情准则

减少对别人的反感,增大对别人的同情。

[22] 甲:我们家自来水管又漏了,烦死了,都已经修过三次了。

乙:可不,烦死了,我们家那也坏过,刚修好,我能理解。

一句"我能理解"就把乙对甲的同情表现无余了,因为有类似的遭遇,所以乙比一般人更能理解甲的感受,而他这样的说法让甲在心理上也更容易接受一些。

以上实例分别分析了利奇的礼貌原则在汉语中的体现,并且深化了对礼貌原则的理解。礼貌的表达方法多种多样,但是,基本上汉语的礼貌表示方法也不脱离礼貌原则的六条准则。当然,如何得体地、礼貌地进行交际与交际场合、交际对象是密不可分的。研究汉语礼貌原则中的同意反对表达方式,无疑将有助于提高我们语言的实际运用能力。

四、言语行为中的同意、反对表达方式

言语行为理论是英国牛津学派哲学家奥斯汀在20世纪50年代提出的,六七十年代又由塞尔、格赖斯等人加以修改和发展,目前已成为语用学的一个重要理论。言语行为理论从语言的社会功能出发,研究语言运用,即以言行事。塞尔(Searle,1969)明确指出,言语行为是言语交际的基本单位,说话就是根据语言规则,以言行事。

(一)言语行为理论与间接言语行为理论

言语行为理论起源于哲学家对意义的研究,是一种对语言的意义进行研究的理论。他们认为语言不仅用来传递信息或描述事物,还常用来实施行为,说某事就是做某事。塞尔对言语行为理论的另一个重大贡献是提出了"间接言语行为理论"。当说话者说出一个语句且意指他所说出的东西,但同时还意指具有一种不同命题内容的另一种以言行事,这种情况就是间接言语行为。通过对

间接言语行为的研究,塞尔分析了话语意义和句子字面意义不完全一致的情况,指出在间接言语行为中,特别要注意发现说话者的话语意义,话语意义是随着语境的不同而不断发生变化的(俞艳珍,2008)。例如,甲对乙说:你能给我做这件事吗?我们不能按照词语的字面意义去理解此句所要表达的意思,也不能根据句子形式认为其话语的言外之力就是询问受话人是否具有做某事的能力。这句话实际是用以表达"请求"这一言语行为的典型结构。塞尔认为,像例句所表达的就是间接言语行为,即通过一个言语行为("询问"),来间接地实施另一个言语行为("请求")。

（二）言语行为中的同意、反对表达方式

塞尔指出,间接言语行为理论要解决的问题是:说话人如何通过"字面用意"来表达间接的"言外之力"(用意),或者说,听话人如何从说话人的"字面用意"中,推断出其间接"言外之力"(Searle,1969)。按照塞尔的假设,间接言语行为可分为常规性间接言语行为和非常规性间接言语行为。所谓常规性间接言语行为,指对"字面用意"做一般性推断而得出的间接言语行为。例如,妻子对丈夫说:你能把盐递一下吗?这句话的字面用意是询问听话人给她递盐的能力,但是出于礼貌,说话人间接实施了请听话人递盐的行为。这个请求是通过询问的方式提出的,对此句的理解需要共有的背景信息及听话人的推理能力。例如:

[23]甲:你明天再去吧!

乙:行。

[24]甲:你过生日我给你买一条围巾吧!

乙:噢,我的照相机坏了。

例[23]中甲的言语行为是我们谈论的事情今天可能办不了,你明天去才能办成,今天去了也白去,最好还是别去了。乙同意了甲的建议。例[24]中或许出于社交禁忌,乙不愿意做肯定、直接的回答,没有直接反对。于是故意违反合作原则的关系准则。这时,只理解乙的答语的字面意义是不够的。乙除语句本身的字面意义之外,还隐含了听话人需要依靠语境关联,推断出其真实意图:乙想要一部照相机作为生日礼物。

（三）间接言语行为中的同意、反对表达方式

间接言语行为是一种以言行事，间接实现另一种以言行事的表达方式，要理解这种间接言语行为，首先要理解"字面用意"，即句子本身所表达的"言外之力"，然后从"字面用意"再推断间接用意，即说话人所要表达的施事行为用意。例如：

［25］妻子：今天是星期天。

丈夫：哦。

［26］女友：我的 mp3 已经被别人摔坏了。

男友：修修将就用吧！

这两句话都是陈述句的话语。其"字面用意"都是"陈述"，但说话人通过它们间接表达出来的语用用意却不同。例［25］的语用用意既可以是"抱怨"（当丈夫忘了曾答应妻子在星期天帮忙做家务或者允诺为妻子做别的事情），也可以是"邀请"或"建议"（今天星期天，去公园玩吧！或者今天是周日，我们不做饭了，出去吃等），或者也可以是"提醒"（丈夫匆忙爬起来就想往外走去上班，妻子提醒说今天是星期天，休息日不上班等）。丈夫理解了妻子的意思，对此事做出肯定和同意的回答。例［26］的语用用意既可以是"抱怨"，也可以是想让男友给买一个，而男友直接否定了这两种想法。

五、指示中的同意、反对表达方式

（一）指示及其类型

指示是语言中的普遍现象，是指在语言信息的传递活动之中，与说话人的知觉相关的语言表现部分（Tsui，2000）。指示大致可按以下几个方面分类：人称指示、空间地点指示、时间指示、话语指示、社交指示。人称指示如我、你、他等；时间指示如今天、明天、十分钟之后等；地点指示如这里、那里、后面等；话语指示如因此、除此之外等；社交指示如女士、先生等，这些社交指示词语反映语言活动参与者的社会身份，说话人、听话人和被谈及的人之间的相

对社会地位（Pillmore，1971）。

（二）指示中的同意、反对表达方式

指示词语的特点就是必须在交际者所共知的具体的语境中，才能得到确切的理解，离开了语境的帮助，指示语所承载的指示信息将很难获得（吴亚欣，2002）。几乎所有指示词语，就其本质而言，在脱离语境的时候都会引发所指的"有定与无定"问题。例如：

［27］甲：那个事你那个了没有？

乙：那个事不容易那个。

甲：不管好那个不好那个，你无论如何要那个。

乙：我尽量那个，不过现在办事少不了那个。

甲：你要多少那个我给你多少，不舍得那个还能那个？

指示词语的指示信息是说话人表达意义和听话人理解话语的关键。该例子中的"那个"具有不同的指示功能，那个可以指不能说出的事儿，也可以指钱财或者非正常渠道等。话语的隐含义或者说话人的交际意图却在"有定与无定"切换的过程中得到传达。乙在回答的时候说"那个事不容易那个"，意思是你别着急，事情很难，哪能那么容易办成，是对甲问话的一种反对。紧接着甲说了一句"不管好那个不好那个，你无论如何要那个"，意思是无论如何你得把事情给我办成，乙顺应了甲的话语，同意了甲的请求，意思是放心吧，我一定会尽力办成这件事的。

六、预设中的同意、反对表达方式

（一）预设理论

预设这一概念最早是德国哲学家与逻辑学家弗雷格（Frege）于1982年提出来的。语言学家对预设的定义存在不同的看法，但基本上认为它是暗含在语句内部的信息，是言语交际双方的共有知识，是语句有意义、可理解的先决条件。我们倾向于这种观点：预设就是交际双方共知的东西，或者是在交际中说

话的已知部分。但是，预设并非是语义中稳定而不受语境制约的部分，特别是它不仅涉及语句或命题自身，还涉及交际者对命题或语句特有的态度（周礼全，1994）。例如，甲对乙说："你今天为什么迟到？"这一语句预设"乙今天迟到"。但假设乙事实上没有迟到也不承认自己迟到，或者乙事实上迟到而不承认自己迟到，那么就很难断定这一语句预设"乙今天迟到"，甲与乙也不能继续交际下去。显然，这里涉及了乙对待预设的态度问题。

（二）预设中的同意、反对表达方式

我们知道，在交际中如果交际双方的语句或命题遵守了交际准则，则是恰当的，反之则是不恰当的。因此，一个语句的语用预设也就是保证该语句具有恰当性的那些背景知识或条件。它也应该遵守合作原则中的各项准则，不应有歧义。但是在现实生活中，有时由于缺少共同语境而产生歧义，导致不同的人的语用推理出现差异。例如：

［28］年轻人：你们这些老年人体力怎么这么好啊？

老年人：是吗？

同样，这一例句中也可以有两种理解：这些老人身体健康，没有疾病，所以体力好；这些老人吃了延年益寿的保健品，因此身体好。老年人回答可以是表示疑问：真的是身体好吗？也可以是表示反对，意思是哪里是你说的那样；也可以是自谦，其实心里同意和承认我们身体确实好。

预设是暗含在语句内部的信息，一个语句在交际中具有表层信息和内部信息。语句表层信息是交际者已知信息和未知信息的集合；语句内部信息是交际者的已知信息。预设是语句的内部信息，它表现为语句的表层信息。因此，人们只有通过分析语句表层信息，才能揭示出暗含在语句内部的预设。预设中语用歧义可以分为三种形式，即模糊性、排他性、暗含性。

1. 模糊性

指语用歧义的不确定性，这里用来特指语用歧义所传递的数种言外之力之间的模糊状态。例如：

［29］妻子：隔壁的狗在我们的花园里。

丈夫：我一定是没锁花园的门。

例［29］中丈夫的回话所传递的言外之力似乎介于"陈述事实、不太情愿地认错、道歉"之间；也可以是自己承担了责任，同意妻子的责怪，处于一种模糊状态，使人难以确定。

2.排他性（或共知性）

指的是在多人在场的情况下，语用歧义只能被具有共同背景知识的听话者所理解，而对其他人则难以理解。例如：

［30］妻子：你那本子还没有收起来呢！当心小孩弄坏。

丈夫：我这就去。（离开去房间）

［31］顾客：来了没有？

店员：还没有呢！我也等得急死了。

顾客：快两个月了，会不会出什么事了？

店员：不会，不会，以前也有过这种情况。

顾客：但愿如此。

预设是交际双方设定的共有知识。预设的本义是预先设定的意思。预设歧义的排他性（或共知性），有时只指说话双方的共知事物，第三者如不了解预设而只依靠语境，不一定能真正理解说话双方对话的内容。这种共知性有时只局限在谈话双方共知，尽管第三者对谈话的字面意义全都理解，但因谈话预设不得而知，也就无法理解谈话的真正意义（项成东，2002）。例［30］中夫妻俩拿出家庭账本看收入情况，不巧中途来人，未及时把账本收起来，两人就匆忙出迎，妻子想起此事，说了此话。话中"那本子"对于夫妻双方都清楚所指，而第三者则不知所云。丈夫听从了妻子的建议，同意去处理这件事情。例［31］中如果两者的关系单纯是买主和卖主的关系，那么他们可能谈论的订货到了没有；如果他们同时又是朋友关系，那么他们有可能谈论一位朋友来了没有。前提是什么，第三者很难判断，但谈话的这两个人却很清楚。店员在回答顾客的问话时说：还没有呢！我也等得急死了。意思是我同意你的想法，我也和你一样很着急。之后顾客询问是否会出事情，店员又极力反对说不会的，以前也出现这种情况。

3. 暗含性

说话者往往运用话语的不同言外之力和行为来暗示某种交际意图,即言外之意。例如:

[32] 甲:我丢了一个钻戒。

乙:哦,小刘今早戴了一个。

甲的话既可理解为"陈述事实",也可理解"她怀疑乙拿了",乙的回话针锋相对,一方面"陈述事实",另一方面给对方以暗示。同时极力告诉对方,你可不要怀疑我偷了你的戒指,我没做这件事情。

第四节 非言语交际类的同意、反对表达方式

人类的交际不光是通过言语行为进行的,还有另一种交际方式——非言语行为。非言语行为是言语行为的重要补充,而且能传递言语行为难以表达的事物、意念和感情,具有特殊的交际功能(王梅,2004)。

一、非言语交际

人类的交际往往通过言语行为或非言语行为两种方式来进行,两者都可用来传递信息或交换信息,非言语行为交际是不使用语词的交际。具体来说,非语言交际是在特定的情景或语境中使用非语言行为来交流和理解信息的过程,就交际的深度、广度和效果而言,言语行为是主要的,人类越往高级发展,其重要性就越显著,但并非唯一的。非言语行为是言语行为的重要补充,而且能传递言语行为难以表达的意念和感情,因而具有特殊的交际功能。了解这种功能,有助于我们避免各种文化冲突和障碍,从而更好地进行跨文化交际。

二、非言语交际表现的手段

（一）体态语类

非言语交际是通过手势、面部表情、眼神、动作姿态、外表修饰等非语言行为来传情达意的一种交流手段。它包括基本姿态（姿势和身势）、基本礼节动作（如握手、亲吻、拥抱、微笑、体触等）以及人体各部分动作（如头部动作、面部表情、眼色交流、手部运作、腿部动作等）所提供的交流信息。也可以把它分为：肢体语、手势语（包括鼓掌语，握手语，挥手语）、身体动作语、四肢动作语、手部动作语、头部动作语、腿部动作语、表情语（目光语、微笑语）、神态语（脸色、眼睛、眉毛、嘴巴）等。

与人交往中，认识他人是很重要的，而我们要认识一个人，除了观察其言行和外表外，最重要的就是要观察其表情。表情是一个人内心情绪的外在表现，是反映一个人心理状态内心世界的一个"窗口"，它在人际交往中发挥着重要的信息交流作用。人的面部表情很丰富，也是一种重要的、无声的交际手段。有关研究发现，在人际交往中的各种信息中，一个人的情绪状态和对事物的喜恶态度最容易从面部表现出来，人们也常常通过他人面部表情来调节自己的行为，面部表情可以通过眼睛、眉毛、嘴巴、鼻子以及面部肌肉的变化表现出来。

1. 体态语类的同意表达方式

这类表达方式的特点是通过非言语交际手段来表现同意的意思，眼睛最能起到传情达意的作用。确实，人的目光和眼神往往透露出心灵深处的欲望和感情。例如，一个男人向女人求婚，虽然女人没有答应是否可以，但是从她眼睛处于笑眯眯、半闭、含情状态的表现可以得出，她是同意的；在眉毛的变化上，心理学家经研究后发现，人的眉毛可以有20多种动态，分别表示不同的感情。例如，一个人扬眉吐气、喜上眉梢、眉飞色舞，表示畅快、兴奋和愉悦。在嘴部的变化上，人在欢笑时嘴角向上，张口露齿。人的脸色变化也可以反映出他的内心情感。遇到男孩子对女孩子说：我喜欢你。女孩子脸色绯红，目光含情，就说明她也喜欢这个男孩子并同意与之交往。以上所有这些面部表情，都生动地反映了一个人的情绪、情感状况。

　　体态表情是借助全身姿态和四肢活动来表达情感的一种方式。有时候，在语言无能为力时，我们除了会从面部表情表显露出自己的心意之外，还会不由自主地用姿态和动作来补充：一面听一面点头，常常是因为对别人的话表示满意或认同；将中指和食指叉开或将双臂叉开成"V"字型，表示争取胜利的决心或表达胜利的喜悦。中国人竖起拇指表示"好"或"棒极了"。从一个人的行姿、坐姿和座位上，也可以反映出此人对某些事情的观点是同意的。如在座位上，搬着凳子挪向说话人，说明想与说话人交往，或者对说话人的话语感兴趣，对说话人的观点表示赞赏或者同意。一般来说，座位的距离在一定程度上表示跟对方的心理距离。距离越小，双方关系越亲密。如果一方有意识地挪动身体靠近另一方，就说明有意识地想和对方保持友好的关系。在行姿上，如果一个人一步三跳，喜形于色，就说明他心情愉快或者别人对他（她）进行了肯定、表扬、赞赏等，也就是得到了对方的同意或者许可而表现出来的一种喜悦。总而言之，体态语表达同意的方式丰富多彩，不可尽述。

　　2. 体态语类的反对表达方式

　　人们在表示不同意别人的观点或看法时，也可以通过体态语表现出来。例如，柳眉倒竖表示生气发怒，横眉冷对表示敌意。在嘴部的变化上，生气时，嘴唇撅起；愤怒时，咬牙切齿。在鼻子的变化上，人在愤怒时鼻孔会张大；鼻子耸起表示轻蔑。在眼睛上的变化，人在别人问话之后张大双眼发愣，或者目瞪欲裂表示愤怒或者反对；如果两个人死死地瞪着对方且目露凶光，说明他们之间存在着仇恨或者持有不同的反对意见；如果一个人跟另一个人你说话时目光散乱，就表明他对这番交谈心不在焉或不感兴趣或不同意；白眼瞅着对方说明不喜欢或者不同意对方的观点。从脸色上看，人在不同意、不赞同对方观点或者想法时，会因生气脸色发青、发白。有时候觉得自己说得不大正确或者想起某些不愿想起的痛苦的事情时，常常会用力地摇几下头；说话的时候皱起眉头，有时是因为不知道自己的话是否正确或能否引起对方的兴趣；跷着脚表示随便、不在乎。双手抱臂体现一种高傲、漠然，一个人正与人交谈时，忽然抱胳臂、叉腰，一般表示不同意对方的意见。坐姿也很能反映人的内心意识。远离对方而坐,说明此人希望跟对方保持一定的心理距离,不愿意交往或者不同意某人的观点,用行为来进行抗议或者反驳;斜躺在椅子中的人,往往具有居高临下的优越感,对过来问话者是一种不欢迎和蔑视,从而也不会同意或者赞同问话者提出的事情;一个人过来问话,如果一方不回答而是坐在椅子上立刻跷起二郎腿,说明对该人或者该人的意见表示不同意或者反对;如果一个人走路无精打采,蔫头耷脑,说明他心绪不宁或许受到了打击或者某件事情没有得到自己想要的结果,也就是说没有得到对方的赞许或者同意而表现出来的失望。如果一个人从领导办公室出来急步如飞,面有怒色,不顾左右,说明他心急如焚或者遭到了批评。

有时人们嘴上说的与心里想的不一致,嘴上可以说一些谎话,但是他的眼光、脸色、神态等常常暴露了这一秘密,从而显露出一个人的言不由衷,表情语否定了话语意义,传达出真实思想情感。例如:

[1] 冯乐山:(一面是峻厉可怖的目光恶狠狠地盯她,示意叫她留下,一面又——)去吧,去吧,去吧。平日也真是太苦了婉姑了。(非常温和的声音)去吧!

婉姑:(不由得止步)太太?

王氏:(回头)怎么?

婉姑:(怯怯地)那我去了?(与王氏一同转身)

冯乐山:(又是冷峻森森的目光)去吧,去谈谈吧。

婉姑:(回首望着他,只得又——)太太?

王氏:(笑着)怎么啦,孩子?

冯乐山:(慈祥地)是啊,真是个孩子,去吧,快去吧!

婉姑:(晓得不能走,对王)我不去了。(曹禺,《家》)

例句中冯乐山不同意婉姑离开但是又不能直接说出来,于是就通过一系列体态语,把他虚伪、狠毒的性格特征表现得淋漓尽致。外表上,他道貌岸然,俨然正人君子,其实,他卑鄙无耻。他以收女弟子为名,将婉姑"收到门下",百般凌辱这个孤苦伶仃的女孩子。冯乐山用严厉、冷森的目光阻止婉姑与王氏交谈,因为怕婉姑说出他的卑劣的隐私,但是,在王氏面前,他又要装扮成一位仁慈宽厚的长者。因此，他表面上好像很愿意并准许婉姑与王氏谈天，而又用"峻厉可怖""冷峻森森"带有阻止和威胁的眼光，示意不要去，而这种眼色、神情所传达的信息才是他的真意（吴家珍，1992）。面部表情语在这里起到了否定言语信息的作用。

（二）副语言类

副语言是非言语交际的一个重要组成部分，在交际过程中起着辅助语言交际、增进对话双方情感交流的作用，日益为广大语言学家所重视。其中交际意义的38%是由音量、音高、笑声、感叹声等伴随言语的副语言特征传递的，由此可见副语言在交际中的重要作用（范莉娣，2008）。副语言又称作类语言或伴随语言，也可称为副语言特征或伴随语言特征。副语言一般指的是伴随话语而发出的无固定语义的声音，它的范围有狭义和广义之分。狭义范围只包括伴随言语的某些声音现象，广义的范围则除言语的声音现象以外，还将体态动作、面部表情，甚至某些书写符号及言语交际情景都包括在内（张治英，2000）。

1. 副语言的分类

作为言语行为基本单位的话语，总是在一定的语境中才具有其实际意义。有时候我们对话语的理解不仅依赖于其言语特征，同时还取决于特定语境内的非言语特征。副语言是话语不可缺少的中间环节，这种有声讯号并非言语，而是伴随言语的副语言行为，如音量、音高、笑声、感叹声等，这些副语言行为在确立话语意义方面作用极为重大。曹合建（1997）将副语言分成下列五类。

（1）个人音质符号。

是由生理条件决定的个人声音特征，具有相对的稳定性质，主要由语音的非切分成分构成。如根据一个人的音色、音速、音量、共鸣音、音域与节奏的特点，能使听话人大致了解说话人的年龄、性别、职业和社会地位等方面的情况。

（2）语音修饰符号。

是指夹杂在言语中的笑声、哭喊、低语、呻吟、悲叹、打呵欠等副语言行为。这些行为提供了说话者心理和生理状态方面的信息，对言语语义具有修饰作用，是构成语境的一个重要成分。

（3）语音区别符号。

是指声音响度、音高、音量和音速的变化，以及对发音器官加以控制而产生的表示不满、愤怒、怜悯和喜悦等情感的特殊语音效果，它具有决定话语语义的作用。如"你去还是不去"这一语句，用减慢语速、提高音高、增加停顿的方式说出来，与用正常语速和音高说出来的含义不同。前者明显带有不满或威胁，后者只是一般的询问。

（4）语音分隔符号。

包括"呃""啊""嗯""吧"一类的有声符号及声音的停顿，其作用是将言语中词与词或词组、句子与句子、语段与语段间隔开，在一定程度上起到标点符号的作用，但比现有的标点符号系统更细致、更准确地反映出说话人当时的心理及生理状态和微妙的话语深层含义。

（5）语音替代符号。

语音替代符号能够较为准确地将特殊的言语意义表达出来，其作用是取代某些词或话语。如"嗯"，在某些非正式场合表示"可以"或"行"的意思，如一人询问"你明天再来拿吧！"，另一人回答"嗯"。汉语中"呃""哟""嘻""哦"等一些副语言行为均属语音替代符号。

在上述五种副语言符号中，第一种与话语意义关系不大，后四种却对话语意义的确立有着深刻的影响。本书主要是采用狭义的副语言定义，主要阐述应答语、语调、语气、重音、停顿、沉默等。

2. 副语言类的同意、反对表达方式

（1）语音修饰符号类的同意、反对表达方式。

在话语前后或中间发出的呻吟、哭喊、尖叫、赞叹、朗朗笑声或呵欠声，既传达出说话人的痛苦、惊讶、恐惧、怜悯、欢快或困乏的心理和生理状态，又对话语语义起着修饰作用。

［2］她笑着骂道："这瘟死的，把我吓得呀，我当是什么坏人呢。"（周立波，《暴风骤雨》）

[3]杜善人叫道:"哎呀,妈呀,妈呀,你们别吓我,我有气喘病。哎呀,不行,我眼花了,妈呀"。(周立波,《暴风骤雨》)

[4]"滚"!她一边流泪一边喊道。"滚"!

例[2]中笑着骂这瘟死的赋予了言语一种亲热、戏谑的含意,并不是厌恶和反感的意思。例[3]中的惊叹不但表达了说话人诧悸与恐惧的心理,还对同一语境中的话语起着强化其效果或是确立其语义的作用。如果去掉这些修饰成分,上述各例的感情色彩和含义将受到影响,其基本语义将完全改变:"你们别吓我,我有气喘病。不行,我眼花了。"几乎成了抗议和威吓的意思。例[4]是一种强烈地反对。

(2)语音区别符号类的同意、反对表达方式。

语音区别符号主要由音高和响度的变化来表现,随着话语中不同词语音高的变化,如语调、语气、重音等,话语的意义也将发生改变。音高的改变能传达一定的信息,如提出建议、要求、表白或质疑等,也能体现发话人的情感和心情,如赞美、惊讶、愤慨、愉悦和爱慕等。当发话人用平缓、低沉的语调说出"死鬼""老不死的"这类的话语时,无疑是亲热和爱慕的表示。而同样的话语用较高的音调说出,有可能是一种诅咒或者咒骂。语音区别符号中另一个重要方面是响度,言语必须具有足够的声音能才会被清晰地接受。某些话语如果比其前面的话语说得声音更大些或更轻些,其语义便会更加突出,起到强调作用。此外,语音区别符号还包括某些特殊的语音效果,如表达苦闷、不满、同情、欣喜等,它们附着在言语上,赋予话语以丰富的感情因素。

①语调。

孙汝建(2000)认为,从表达的角度看,语调具有语气、口气表达功能,语调在口语交际中常用来表现说话人的情感和态度。同一个句子用不同的语调,有不同的表情和表达效果。在言语接受过程中,人们常常根据说话的语音特征来理解话语,因为语音的高低、轻重、长短、快慢、调类等都是说话人表情达意的重要手段。声音的高低变化是随着感情的起伏而变化的,语音的轻重也能表现说话人的情感,语音的长短、说话的快慢都是表情达意的重要手段。

第二章
同意、反对表达方式的分类

A.语调的定义。

本书所要讨论的语调是指句子、句子中的短语或词用高低、长短、轻重、语速的缓急等语音变化，即通常说的"抑扬顿挫"来表情达意的功能，重点是讨论语调的表意作用，借以说明这个现象的普遍性，这个问题一直是语言学家重视和研究的课题。陈望道（1954）已注意到"长音有宽裕、纤缓、沉静、闲逸、广大、敬虔等情趣，短音有急促、激剧、烦扰、繁多、狭小、喜谑等情趣。"

B.语调中的同意、反对表达方式。

语调能标识句子类型，表情达意或显示隐含意义的功能，也可以理解为发掘句子深层意思的功能，在其中起到声东击西、弦外之音的作用。例如：

［5］甲：老板这个人不错。

乙：他很慷慨。

［6］甲：老板这个人不错，很慷慨。

乙：他很慷慨？

例［5］用降调，意思明确，表述清楚，意思是同意甲的说法，老板确实很慷慨。而例［6］中用降升调意思变得含糊，乙的意思可以隐含有"他慷慨（仁慈），但是我可不这么认为"的意思，也可以是他对其他人慷慨仁慈，但是对自己很吝啬，总之是不同意甲的观点。

②语气。

是指喜、怒、哀、乐、爱、憎、惧、急、疑等各种情感，具有表态和表意功能，如表态情感的肯定、否定、强调、委婉、推测等；表意愿情感的祈求、命令、提问、呼唤、应诺、应答等。系统功能语言学者韩礼德（Halliday, 1985）从语言是社会符号的观点出发，认为语言具有多层次、多系统、多功能。语气体现人际功能，表示社会交往和人际关系；语气表示在某一语言环境中由讲话者作出的话轮选择，以及他为听者作出的角色选择。汉语语气也分为四类：陈述、疑问、祈使和感叹。

A.陈述语气类的同意、反对表达方式。

［7］甲：现在孩子们放学都不在学校学习。

乙：孩子们放学后都回家了。

［8］甲：现在走吧？

乙：天还没亮呢！

例［7］中乙同意甲的观点，认为孩子们放学后确实不在学校学习，都回家了，一种陈述口吻。例［8］的意思是现在不能走，天还没有亮走不了。

B.感叹语气类的同意、反对表达方式。

［9］甲：小小年纪就有自己的观点，还能得出这么不寻常的结论。

乙：这个提议真是不简单哪！

［10］甲：我父母每个月才给我500元生活费，吃饭都不够，别说谈朋友了。

乙：你父母供你上大学多么不容易啊！

例［9］中乙同意甲的观点，感叹小小年纪就有如此提议，真是不简单。例［10］中乙反对甲的观点，意思是父母供你上大学很辛苦，要节约，不能随便乱花钱。

C.疑问语气类的同意、反对表达方式。

［11］儿子：电视机不是我弄坏的。

父亲：那谁把电视机给弄坏了？

［12］儿子：电视机不是我弄坏的。

父亲：那能是谁把电视机给弄坏了呢？

例［11］中父亲不相信儿子的话，用疑问的语气来反问意思是肯定你把电视机弄坏了。例［12］中父亲听了儿子的话并相信了他，自己在思考谁弄坏了电视机。

D.祈使语气类的同意、反对表达方式。

［13］员工：经理，小王回来了。

经理：叫他进来。

［14］员工：经理，小王回来了。

经理：别让他进来了。

例［13］是同意的语义，意思是我正着急见他呢！例［14］则是不同意的语义，意思是他回来就回来吧，我不想见他。

③重音。

人们在说话时，常常把一些在表情达意上比较重要的词语读得重一些，而把其余的词语读得轻一些，句子中读得重一些的音便是语句的重音。在日常交际中，重音是个不容忽视的因素。重音直接影响着意义，重音运用得好，可使语意更加清晰准确，感情更加鲜明生动，增强表达效果。

A.重音类的同意表达方式。

［15］甲：包和衣服都是小王的吗？

乙：包是小王的。

重音落在了"包"上，意思是包确实是小王的，但衣服是否是，乙没有给出明确的答复，既可能是，也可能是不确定。

B.重音类的反对表达方式。

［16］老师：你怎么总是迟到？

学生：我只迟到一回。

学生不接受老师的批评，认为自己只是迟到一次，不属于习惯性迟到之列，所以进行了反驳。

（3）语音分隔符号类的同意、反对表达方式。

包括"嗯、呀、啊、哦"一类的有声符号以及话语中的停顿、沉默等。

①停顿。

在言语交际过程中，停顿不仅是人们的生理需求，而且还是口语中一种重要的表达方法。口语停顿是说话时在心理和语感上没有声音或者以毫无意义的语音形式如"嗯、啊"等表现的一种间歇，作为语流中的间断，它是语流切分的最自然的标志（何兆熊、梅德明，1999：125）。

［17］甲：你还是去看看吧！

乙：那我——先去了。

［18］甲：你还是走吧！我父亲不同意我们在一起。

乙：我——将来怎么办？

言语交际中正常的语言交流是连续的话语片断，所以停顿的使用不是可有可无的信息，而是反映了交际者的某种交际意图，具有一定的表达功效。

例［17］中的乙同意了甲的建议，虽然停顿了一下，但还是顺应了甲的意图。例［18］中的乙则不同意甲的说法，在停顿了之后，说出了自己的不同想法。

②沉默。

沉默是日常会话中的一种常见现象，是自然会话的显著特征之一。沉默在日常会话中占会话时间的比例为5%~65%不等，一般在40%~50%。"沉默并不是话语的绝对终结，它伴随话语而存在，是相对于话语的另一种表达思想的方式，它构成了人们对世界认识的一部分，又渗透于他们对世界的认识中"（胡文仲，1994）。在日常交往中，有时候"沉默"常常表示话语的缺乏，即交际的缺乏，表示冷淡、蔑视甚至敌意。沉默作为一种非言语手段，它传达的信息比话语传达的信息更具有语义模糊性和不确定性，因此信息的传达更依赖与文化语境（宋莉，1998）。例如：

［19］男士：嫁给我吧。

女士听后，深深低下头，保持沉默，一言未语，脸上还泛着红晕。

［20］男士：嫁给我吧。

女士听后白眼漠视，突然热烈的话语不见了，保持了沉默。

例［19］中女士的态度截然不同。在中国，一位男士向一位女士求婚，"嫁给我吧。"这时男方会趁机说："你不说话就表示同意了。"因为在中国文化的语境下，每一个中国人都知道女性对于谈婚论嫁是非常害羞的，我们理解女方没有说话就是表示同意的意思。因此男方把女方的沉默看作是同意是可以理解的（韩星，2008）。但是例［20］中的沉默伴随着不喜欢甚至厌恶，表达的是反对的意思。

（4）语音替代符号类的同意、反对表达方式。

语音替代符号在特定的语境中像词汇一样具有特定的词义，如"哟！"在北京人的口语中可能表示"真小气""真神气"等具体意思，因此语音替代符号与体势语中的象征符号一样，可以代替词语或话语表达具体的语义。例如：

［21］一大半人的嘴不自觉地张开，时时还漏出"啧！啧！"的赞叹声。

（叶圣陶，《倪焕之》）

［22］"啊哟"，赵得宝怯痛地叫了一声。（周而复，《上海的早晨》）

例［21］中"啧！啧！"声表示"真了不起"，是一种同意。例［22］中"啊哟"虽含有生理本能的因素在内，却仍然可以看作是代替了"痛啊"或"我痛死了"之类的话语，是一种抗议和示威行为。这些语音替代成分一方面起着某些词语或话语的作用；另一方面又比话语微妙、传神，更符合当时的语境要求，是言语无法取而代之的。

语言是交际的一个主要途径，但并非唯一的途径，人们在交际过程中往往还借助各种非语言手段表达思想感情和传递信息。在不同文化背景的人们的交往中，有很大一部分思想是通过非语言手段传递的。同时，不同民族、不同文化之间的非语言手段也存在着巨大差异，如果处理不当，就会给跨文化交际带来诸多麻烦，甚至使交际双方陷入尴尬的境地。非语言交际因其没有既定的规则和模式，也没有相对固定的结构，所以要想正确地理解其代表的交际行为的含义，往往需要综合分析交际进行时的情况。非语言交际通常与语言交际交叉进行，对语言交际起着补充、强调、重复、调节等作用。有的情况下，语言无法传递信息，必须借助手势或其他非语言手段（王爱华，2001）。

第五节　小结

本章主要按照表面的形式、语义、语用、非言语交际对同意、反对表达方式进行了分类，分成显性的同意、反对类的同意、反对表达方式；语义类的同意、反对表达方式；语用类的同意、反对表达方式；非言语交际类的同意、反对表达方式。其中，显性类的同意、反对表达方式是指具有明显的表示同意、反对的词语，根据其句子或者词的表面就能看出是同意还是反对。语义类的同意、反对表达方式的特点是，无明显表示同意的词语或者带有表示反对的词语，但语义上却是同意或者反对的意思。这主要论述了三个方面，即反对形式的同意、同意形式的反对、同意形式与反对形式意义相同；其中的难点在于现代汉语中形式上的反对和意义上的反对不一致的几种情况。语用类的同意、反对表达方式的特点是根据语用来对同意、反对表达方式进行分类。它分为语境中的同意、反对表达方式，会话含义中的同意、反对表达方式；礼貌原则中的同意、反对表达方式；言语行为中的同意、反对表达方式；指示语中的同意、反对表达方式；预设中的同意、反对表达方式。非言语交际类的同意、反对表达方式的特点是，根据非言语交际行为对同意、反对进行分类，即分成体态语类和副语言类。

第三章

同意、反对表达方式的表义内涵

同意、反对表达方式在表义上是对立的,本意为"是"与"不是"的关系。因此,两者在表义上是有区别的。究其内涵,各自又存在多种不同的类别。同意表达方式包含的是"同意""肯定""答应""赞扬""允许"等;反对表达方式表示的是"反对""否定""拒绝""批评""禁止"等。同意表达方式包括:肯定表达方式、答应表达方式、赞扬表达方式、允许表达方式。反对表达方式包括:否定表达方式、拒绝表达方式、批评表达方式、禁止表达方式。

第一节 肯定、否定表达方式

句子是语言的基本运用单位,因其研究目的不同,可以按照不同的标准对句子的表达方式进行分类。为了研究句子对逻辑判断的表达,人们将句子分为肯定式和否定式。这种句义对立和逻辑判断有密切关系,正如高名凯先生所说的:"句子是逻辑判断的语言表达"(高名凯,1960)。逻辑判断是思维形式,可分为肯定判断和否定判断,而这种思维形式的语言表达方式就是肯定表达方式和否定表达方式。

一、肯定表达方式

(一)肯定的定义

"肯定"一词在《现代汉语词典》里的解释有四个义项:(1)动词,承认事物的存在或事物的真实性（跟"否定"相对）：~成绩。（2）形容词，属性词。表示承认的；正面的（跟"否定"相对）：~判断｜我问他赞成不赞成，他的回答是~的（=赞成）。（3）形容词，确定；明确：他今天来不来还不能~｜请给我一个~的答复。（4）副词，表示无疑问；必定：他~会同意｜情况~是有利的。

（二）语义上表示肯定的表达方式

[1] 甲：他是一个好学生。

乙：是的。

[2] 甲：张老师是一个尽责的人。

乙：确实。

[3] 甲：这张画儿能卖上好价钱。

乙：没错儿！

上述例句毫无保留地表达了肯定的态度，如"是的，是啊，对，对了，没错儿，说得对，说的是，说得有理"等。

在现代汉语的论文著作中，多数研究提到了肯定，尽管这些著作尚未对肯定表达方式进行全面介绍及论述，但是也能概括和反映出汉语肯定的使用情况，所以这里不详细赘述。

二、否定表达方式

（一）否定的定义

"否定"在《现代汉语词典》中有两个解释义项：（1）动词，否认事物的存在或事物的真实性（跟"肯定"相对）：全盘~｜~一切。（2）形容词，属性词。表示否认的；反面的（跟"肯定"相对）：~判断。

"否定"除了具有逻辑判断句义上的特征之外，它在语言形式上也有一些特点，通常是用否定词作标志，或者借助某些词语和语句格式来表达否定意义。简言之，否定表达方式是以句义对立为分类标准，具有与肯定表达方式相对立的意义；同时也有一定的形式标准，通常是用否定副词来表达这种否定的意义。

（二）带有否定性衔接成分的否定表达方式

1. 简单否定

[4] 不对，明明是四斤嘛。（北京语言大学《中介语语料库》，以下简称"语料库"）

[5] 甲：慢多啦！张秉贵是几十秒，他那仨徒弟是五六分钟，这差哪儿去啦！

乙：没那事，拿一份也是几十秒。（侯）

[6] 甲：啊，看来是个多面手。

乙：没听说过！那天参加表演的张秉贵的徒弟……只用了三十五秒就称完了四种糖果……跟他师傅一样快。（侯）

这类否定句式没有特殊的意味，只是表示不同意对方的意见。一种用"不是、不对、不行、不会"等短语，形式标志是否定词"不"；另一种用"没那事、没听说过、话不能这么说、看你说的、瞧你说的"等简短的非主谓句，其中有的是弱感叹句式。

2. 强烈否定

[7] 甲：那是因为你比我胖。我常听人说，胖子不怕冷。

乙：算了吧，你不比我瘦多少。

[8] 甲：不，那个地方除去椰林，没别的树。

乙：什么呀！我是说你们住的"别墅"。（《马季相声选》，1980，以下简称"马"）

[9] 甲：你得知道，山河容易改，秉性最难移。

乙：谁说的？大人的影响要好，小孩儿就会好。（侯）

这类句式强烈地否定对方，并引出反驳的话，常用两种方式：第一种是用祈使句式"算了吧、得了吧、别逗了"等，口气尽管强烈，但比较友好，如例[7]。第二种是用反问句式，如"哪儿的话、什么呀、这是什么话、这叫什么话、这算什么话、哪儿呀、谁说的"等。其中"哪儿的话"倾向于表达"客气"的否定，常用于应答对方的感谢之类；"什么呀"等则是不客气的否定，常用来反驳、制止对方；"哪儿呀、谁说的"或者用于应答对方的夸奖，或者用来反驳对方，其后说的是自己的看法，如例［8］、例［9］。

3. 否定对方话语的真实性

［10］甲：我一天就把这点儿活干完了。

乙：不见得吧，这可没你想的那么容易！

［11］甲：听说老王家儿子考上大学都念不起啊。

乙：不至于吧，他不是开了个卖店吗？能穷成这样？

［12］甲：我保证半个月内兑现大伙儿的工资。

乙：说得好听，你这话我们都听八百遍了！

上述例句通过否定来表示不相信对方的话，并引出自己的看法，又可分为两小类：一类用"不见得、不至于"等直接否定对方的话，表示事情不像对方所说的那样，或没有那么严重，态度、语气多数比较委婉或犹豫，若加上语气词"吧"，则态度更加委婉，如例［10］、例［11］。另一类是否定对方的诚意，表示不相信对方会言而有信，语气软中带硬，不太客气。常用句式"说得好听"来引出不信任对方的话语，如例［12］。

4. 否定的同时制止对方

［13］甲：行啊！再来盘花生米；然后……

乙：别说啦！你还来酒瘾了。（侯）

［14］甲：玩法儿不下几十种，有桥牌、接七，又叫接龙；……

乙：行了行了，你说这个我全不会，我就会打百分儿。（侯）

［15］甲：这么说吧，我所研究的是包罗万象。自从混沌初分，海马献图，一元二气，两仪四象生八卦，八八六十四卦，阴阳金木水火土……

乙：行了，您甭说了，您怎么还研究这个呢？（侯）

这类句式在否定的同时还制止了对方的话语或行为，不仅表示不同意对方的意见，而且还要求他停止说话，常用祈使句式"别说了、别瞎说了、行了"等。衔接的句子内容十分多样，如批评对方、表明自己要做的事等。其中"行了"经常重叠使用，用于不耐烦地打断对方，或者与"别说了"连用，如例［13］、例［14］。"行了"和"算了"形式上都是祈使句式，但表达的意思和衔接作用不同。"算了"侧重在否定，接着反驳对方；"行了"侧重在制止，接着批评、质疑对方等。例[15]中如果把"行了"换成"算了"，话语衔接就不自然，后头的"您怎么还研究这个呢"就没有着落了。

（三）几种特殊的否定表达方式

1."不"类否定方式

（1）"不"用在动词或形容词前。

[16] 我不是上海人。

[17] 我不去南京。

[18] 他的个子不高。

"不"是否定句中最常见的否定副词，通常用在动词或形容词前，对动作、意愿和事物的情况加以否定。"不"在句中作状语，可组成否定句。

（2）"不"字独立成句。

[19] 你想去杭州吗？不，我想去北京。

"不"字独立成句，语义上对上文作否定回答。

（3）否定副词"不"的前后紧接程度副词。

[20] 他不太赞同老王的意见。

[21] 他不想这样做。

[22] 他不太想这样做。

否定副词"不"的前面或后面紧接着程度副词，表示程度不同、轻重有别的否定意义。否定副词在前，程序副词在后，否定义较轻；反之，否定义较重，如例[20]。否定常常用"一点不、毫不、丝毫不、决不……"等表示加强，用"不大、不太、不怎么"等表示减弱，如例[21]、例[22]。例[21]否定的程度比例[22]明显加强。

（4）"不"类否定句的表示的"不可能……"。

[23] 我不能离开他，我离不开他。

"不"类否定句表示"不可能……"用两种办法。一种是靠词来表达，另一种是语法格式"×不×"表示。例[23]中头一个分句是靠词语"能"表达出来，后一分句是靠"离不开"这个语法格式来表达的。

2."别"类否定表达方式

（1）别、不要、不用、甭等否定副词作状语。

［24］你见了他可千万别乱说话。

［25］你别说了，我要走了。

"别、不要、不用、甭"等否定副词作状语可以构成否定句，有表示制止、阻止、劝阻的意思。既可对已然的进行阻止，使其不再继续；也可对未然的事进行制止，使其不再发生。在这个意义内，这几个副词可以通用。句中的"别"都可以用"不要"、"甭"、"不用"替换，替换后意思不变。例［24］是对未出现的行动阻止，对施动者有事先提醒的意思。例［25］是对已出现的动作加以制止，不使其继续。这些否定副词表示"不许……"的意思，是对动作、行为、性质、状态等的否定。

（2）不要。

［26］"我不吃。"小华对妈妈说，"我也不要吃！"小华的妹妹也对妈妈嚷着。

例句中的"不要"在否定句中相当于"不"。

（3）甭。

［27］你甭说了，我早就知道了。

例句中的"甭"是"不用"的合音字，是北京方言词。"不用"在否定句里还可以表示"不需要""不必"的意思。

（4）不用。

［28］你不用担心，她已经回来了。那是他自己的事，你不必再说了。

例句中的"不用"相当于"用不着""不必"，相类似意思也可用这两个词表达。

3."没"类否定表达方式

（1）"没""没有"在句中作谓语。

［29］这孩子站没站相，坐没坐相。

例句中的"没""没有"相当于"无"，在句中是动词作谓语，是否定句。

只是这种否定句的构成比较特殊,它不是靠否定词作状语表示否定,而是靠谓语本身这个负概念造成否定句。汉语中,其他动词的反义词如"爱"和"恨"、"笑"和"哭"、"推"和"拉"等,都可作谓语,但所组成的句子都不是否定句。

（2）"没""没有"在句中作状语。

［30］我这次没去北京,也没去南京。

［31］老张从没有批评过小张。

例句中的"没""没有"作副词,作状语,用在谓词性成分前边以否定行为动作或事情的发生,表示"不曾""未曾"的意思。这种句子也是否定句。

总之,上述三大类否定句句义的特点是:"不"类否定句和"别"类否定句所述说的内容可以是已然的,"没"类否定句所述的内容一定是已然的。"不"类否定句多对具有主观愿望或能力的生命体进行述说,而"没"类否定句多叙述的是事物的客观情况。"别"类否定句除了具有"不"类否定句的上述特性外,还多用于对第二人称的要求、命令等的祈使句型中。

4. 借助某些词语、某些句式

这一类否定表达方式的特点是借助某些词语、某些句式构成否定表达方式。同反对表达方式用法相同,参看第一章第三节中的特殊的反对表达方式。

第二节　答应、拒绝表达方式

答应、拒绝表达方式属于言语行为。奥斯汀（Austin,1962）认为一个完整的言语行为,多数情况下同时实施了三种行为:以言指事行为、以言行事行为、以言成事行为。以言指事行为是"言之发"。以言行事行为即施为行为,指说话人旨在通过话语实施某个交际目的或者执行某个特定功能的行为。以言成事行为表示言后之力,指的是某句话说出之后在听话人身上产生的效果。塞尔（Searle,1969:175）指出说出某种语言就是在实施言语行为,指说话人通过话语传达意图、目的,如做出陈述、发出命令、提出问题、做出承诺等。在人际交往中，按照语义来区分，答应、拒绝也是表示同意、反对表达方式的一种类型。

一、答应表达方式

"答应"在《现代汉语词典》中的义项有2条：①动词，接着别人的话说；搭腔：一连问了几遍，没有人~。②应允；同意：他起初不肯，后来~了。本书选取的释义是第二条，即应允；同意的意思。例如：

[1]甲：你答应我的请求了？

　　乙：答应了。

[2]甲：你怎么知道我同意了？

　　乙：从你的眼神就知道你答应了。

[3]儿子：爸爸，你休息的时候带我去颐和园吧？

　　爸爸：行。

二、拒绝表达方式

"拒绝"在《现代汉语词典》中的义项是：动词，不接受（请求、意见或赠礼等）：~诱惑｜~贿赂｜无理要求遭到~。

拒绝言语行为是一种涉及"面子"的行为，在很多情况下，交际者担心冒犯对方面子而难以实施拒绝。而中国人的处事方式也和别的国家不同，在交往中小心翼翼，凡事采取"三思而后行"的保守态度。为了避免得罪对方，一般不轻易拒绝别人的请求，人们在交往中尊崇"礼恭、辞顺、色从"的道德准则。但是，当对方主动提供帮助时，为了减少给对方带来不必要的麻烦，我们一般会采取直接加以拒绝的表达方式。而当对方向我们提出请求时，为了不伤害对方的面子，不破坏正常的人际关系，我们即使想拒绝也难以启齿。拒绝言语行为分直接式和间接式两种，其拒绝策略也分为直接拒绝和间接拒绝两种：直接拒绝有"不行""算了"等；间接拒绝有十五类，如表3-1。

表3-1

序号	名称	举例
1.	道歉类	如"对不起""不好意思"
2.	说明理由类	如"我很忙""我有事"
3.	感谢类	如"谢谢""多谢"
4.	陈述原则类	如"我从不喜欢那样做"
5.	表达意愿类	如"我很想帮你,但……"
6.	称呼语类	如"导师""妹妹"
7.	提供其他选择类	如"你可以问××……"
8.	许诺将来接受类	如"下次帮你好吧"
9.	推迟类	如"让我考虑考虑"
10.	踌躇语类	如"啊""噢""嗯"
11.	肯定的回应类	如"是个好主意"
12.	批评类	如"你为什么不去上课"
13.	有条件接受类	如"如果完成早的话,我帮你"
14.	模糊语类	如"我不确定""我不知道"
15.	回赠类	如"让我给你付吧!"

由于直接拒绝言语行为极易伤害交际双方的感情,影响人们的交流与合作,因此,在现实生活中,大多数人会选择间接拒绝言语行为。在"拒绝"策略的选择方面,无论是西方人的直率,还是东方人的迂回、含蓄,都是为了增进交际双方的理解和友谊,促进交际的顺畅进行(傅福英,2004)。

(一)直接拒绝言语行为

布朗和列文森(Brown & Levinson, 1987)指出,有的言语行为,如拒绝,在本质上和交际双方的面子相悖,是最容易威胁交际双方面子的言语行为之一。因此,这样的言语行为也常被称作"威胁面子的行为"。为了维护交际双方的面子，保证交际的顺畅进行，需要采取一定的面子补救策略。当今时代，各国之间的跨文化交流越来越频繁，体现在政治、经济、科技、旅游等合作的方方面面。正确了解和学习一些不同文化之间的言语行为，对于保证跨文化交际的顺畅进行，具有一定的现实指导意义。在不同的语境中，面子威胁程度的大小取决于不同的社会因素，如社会距离、社会权利和行为实施的难易程度等，这些因素对挽救策略的选择起着非常重要的作用。一般认为，社会距离越远，社会权利和行为实施的难度越大，拒绝的方式就越间接（傅福英、张成文，2008）。沃夫森（Wolfson，1988）通过大量的实证研究发现，社会距离与礼貌之间的关系呈倒"U"字形，即人们在对待关系较为密切的同事、朋友或家人时，所采用的言语行为的礼貌程度比对待关系较为疏远的人时要低一些，交谈的方式要直接一些，因而在处理那些由关系较为密切的人提出的请求时所采用的拒绝策略也更为直接。显然，直接拒绝言语行为是一种直截了当地加以拒绝的行为，拒绝者直接地、尽可能清楚明了地向对方表明自己的意图。

　　汉语中，对哪些人的拒绝需要用委婉方式，对哪些人可以直接说"不"，并没有明确的界限。这与拒绝人的性格、处事态度，拒绝时的环境，双方的心情等都有关系。我们这里只是就一般人的感觉来分析。中国有"熟不拘礼"的说法，关系很亲近的，双方互相了解的，如夫妻、父子、老朋友等，相互交往可以不拘礼节。在这样的一些人之间，需要拒绝对方时，常常直接说"不"（东平，1999）。例如：

　　[4] 张大民到处推销暖瓶，得到的回答：

　　　　"不要！我们家有。"

　　　　"不要！要买商店买去。"

　　　　"便宜没好货，不要！"

　　　　"不要！不要！"

　　　　"去、去……"

　　　　"滚！"（《贫嘴张大民的幸福生活》《小说月报》，1987年）。

　　[5] 路正红问："王老师，要不要派汽车进城来接你！"王老师连忙说："不用、不用。"（《接待》《小说月报》，1987年）

[6] 我与A君相会于宾馆一房间。

他问我"吃香蕉不？"

我说："不吃。"

他说："吃吧，吃吧，是服务员送来的。"

我说："那也不吃。不怎么爱吃。"（《山里的花儿》《小说月报》》，1987年）

当然，即使是夫妻、父子、老朋友，拒绝也需要慎重对待。对关系很疏远的、很少来往的、可以不在乎的，有时候说话可以很随便，拒绝时也常常直截了当，如例[4]。说话最需要讲究礼节，拒绝时最需要谨慎的是那些关系不太远，也不太近的人，如一般的邻居、熟人、同事、远房亲戚等。拒绝时是否采取委婉方式，还要看所谈的事情，需要拒绝的内容常常是别人的请、求、劝。我们这里说的"请"（包括送礼物帮忙）只指施人以好处，如请喝茶、请吃饭、请看电影等。面对纯粹的请，一般可以直接说"不"，如例[5]。但为了使双方显得不过于生分，也常常说明理由，如例[6]。

关于"请"有几点需要说明：首先，在中国，有时请只是一种客气，这时必须委婉的拒绝；其次，中国人的请常常以求为目的，这时拒绝的是求；最后，中国人表达爱时，最初常常以请对方听音乐、看电影或请吃饭、送小礼物等开始，这时的拒绝，很少直接说"不"。求，求别人施以好处，包括借、要、求帮忙等。面对别人的"求"，拒绝常常采取委婉的方式，当然这还要看求者与被求者的关系及事情大小。小事时可以随意地回答，大事则需要很谨慎。劝（建议），劝者与被劝者在所劝的事情上，一般没有直接的利益关系，被劝的人拒绝劝者常常可以直接说"不"。如劝正在吵架、打架的人，"别打了""别吵了！"常常被直接拒绝："不！你别管！"其他的时候说过"不"后，常常要解释原因。

（二）间接拒绝言语行为

正因为直接拒绝言语行为是一种"威胁面子"的行为，极易伤害交际双方的感情，处理不好便会使交际无法正常开展下去，影响人们的交流与合作，所以在现实生活中，大多数人会有策略地拒绝别人提出自己无法满足的请求，这种拒绝行为就是间接拒绝言语行为。因为拒绝行为本身是一种失礼的行为，所以行为实施者往往回避或者采取措施尽量缓和气氛。当然，礼貌不是人们使用间接言语行为的唯一方式，在取笑、戏谑、讽刺时，有时也用间接言语行为。因而，间接言语行为不一定都礼貌，有些还很不礼貌。例如："你很潇洒啊，专家马上要来检查，你今天却提出请假。"这句话是反语，"潇洒"一词暗含讽刺。那么，如何能做到在实施拒绝言语行为时，尽量降低拒绝带来的负面效应，既不伤害对方自尊，又能达到拒绝的目的，就需要学会使用间接拒绝言语行为的策略手段。

（三）采取间接拒绝言语行为的手段

1. 选择恰当的词语

由于拒绝本身是一种有可能导致交际不愉快甚至无法正常进行的言语行为，因此，拒绝者往往采取回避措施，以缓和事件发生时的尴尬气氛，使语气较为委婉，选择不同的词语加以实现这种回避行为。

（1）人称代词。

间接拒绝言语行为经常使用第一人称代词的复数形式"我们"和不定代词"任何人"等，听上去给人的感觉似乎是在宣布一条规则或发表评论，这样做就避免了直接把矛头指向对方，缩短了与对方的距离，无形中做出了情感上的弥补。相反，如果直接使用第二人称代词"你""你们"，就显得非常直接和不客气，会严重伤害双方的情感，试对比以下两组拒绝语：

［7］办公用品，你（们）不得擅自带走。

办公用品，任何个人不得擅自带走。

［8］你（们）还是应该冷静下来，好好商量，千万不要鲁莽行事。

我们还是应该冷静下来，好好商量，千万不要鲁莽行事。

例句句意很明显，每组的后者比前者语气要柔和一些，让人更好接受。

（2）汉语中一些表示习惯的词。

［9］我身上不喜欢带零钱。

[10] 我从不向亲属和朋友借钱。

例句中对方向自己提出请求借钱，用"身上不喜欢带零钱""从不向亲属朋友借钱"这类习惯的词语其实就是一种拒绝，意即提醒对方，你别向我借钱，我自己不这么做，你也不要让我打破常规。

2. 会话附加语

会话附加语是话语中的交际单位。当会话附加语是一个词或词组时，这个词或词组既无任意组合性，也无相互排斥性，它们类似于惯用语。但是它们进入言语结构时，又具有很大的随意性，这种随意性是由说话人的主观态度支配的。在言语结构中，会话附加语可放在句首，也可放在句中或句尾；话语中可以没有会话附加语，也可以有会话附加语；可以出现一个会话附加语也可以出现两个或数个会话附加语（马月兰，1999）。例如：

[11] 我非常想去，但你知道，我每天都很忙。

[12] 对不起，我的手指头真的很疼，改天或许可以。

会话附加语可以作为表层拒绝策略是因为它具有语用意义。其本身未必有语义概念或特征，但它却可以传递说话者的主观信息，这种信息是通过语境来表现会话附加语的语用意义。

（1）用引语方式。

一般情况下，人们在拒绝之前总习惯用一些"引语"，所有这些引语的作用都为会话的另一方做好心理上的准备，准备接受一个不能满足他请求的第二部分。说话人根据请求者不同的社会权势、社会距离，以及请求物的难易程度、请求形式等而选用不同的引语，这些引语主要有以下几种：

①语气词。

例如："啊，呀""这个……"等。

[13] 啊，省点钱给你自己买点。

[14] 这个……，那本书让别人借走了。

在前述例句中，语气词表示了说话人在发表意见之前的犹豫，因为他认为请求者期待一个肯定的答复，这是每一个请求者真实的期待。但他的回答却是否定的，这种语气词似乎可以使对方听到一个自己不愿听到的反应而作好思想准备。从而起到了缓冲的作用，使请求者不至于感到过分的不愉快和尴尬。

②表示遗憾的引语。

［15］哎呀（真不凑巧、可惜），我也没记。

［16］别提了，上次搬家把书搬丢了。

这类引语在汉语中居多，多反映出拒绝者的无奈。

③表示歉意。

［17］对不起，（抱歉，不好意思），这本书我正在用。

［18］对不起，笔记记得不清楚。

利用表示歉意的词语，拒绝外借书和笔记。

④表示真实。

［19］天啊，我真没想到。

［20］哦，天啊！我真的没有那么多钱。

⑤表明无可奈何。

［21］唉，真是心有余而力不足啊！

（2）用模糊限制语的方式。

何自然（1991）认为模糊限制语是指一些把事物弄得模模糊糊的词语，它可以就话语的真实程度或涉及范围对话语内容作出修正，也可以表明说话人对话语内容所作的直接主观测度，或者提出客观依据，对话语作出间接的评估。缓和型模糊限制语是拒绝者常用的附加语形式，也是一种常用的拒绝策略，可分为直接缓和型模糊限制语和间接缓和型模糊限制语两种。直接缓和语指说话人对某事做的直接推测，或者指说话人表示对某事持有犹豫、怀疑的态度。常用的直接缓和语包括：可能、似乎、恐怕等可用以舒缓语气。间接缓和语不表示说话人本人的推测或犹疑，而是引用第三者的看法间接地表达说话人对某事情的态度，它包括：某人曾经说过、众所周知等。例如：

［22］恐怕我没有那么多钱借你。

［23］我已经答应了别人不能说这件事情。

［24］听往届同学说，绝大部分都及格。

以上拒绝语中的直接缓和语使拒绝者既清楚地表达了拒绝满足对方请求的

"会话含义",而且尽量使这个"拒绝"不至于太伤对方的面子,如例[22]。当别人询问秘密、又无法回避的尴尬场合时,模糊限制语中的间接缓和语可以帮助拒绝者体面地应付过去,从而巧妙地拒绝对方,成为得体的言语策略,如例[23]、例[24]。

3. 使用听话人的语言或方言

[25] <u>好家伙</u>,你如果把我的车借走了,大老远的,我跑步过去吗?

[26] 嘿,<u>先生</u>,不好意思,我正忙呢。

[27] 对不起,<u>哥们儿</u>。

上述例句表明说话人和对方属于同一社会群体或具有某种相同之处,这样就拉近了双方的距离,使拒绝不显得生硬。这样的词有"好家伙""哥们儿"等。

4. 利用句法结构

在口语交际中,间接拒绝言语行为可以表现为欲言又止;在书面语中,则可用省略号表达。例如,朋友邀请我们参加生日宴会,但我们有事,为了不让对方扫兴,我们可以说:

[28] 这项活动很有意义,大家可以聚在一块儿,好好聊聊,放松放松,但是……真不巧,我们有事。

如例句中这样说就比较容易得到别人的理解。

5. 句法手段

句法的选择也是拒绝的一种策略,塞尔(Searle)在研究请求时讨论过该问题。在拒绝时汉语"附加问句",如(1)陈述+"好吗?、行吗?、可以吗?"等。(2)陈述句+"你看好吗?、你同意吗?、你看怎么样?"等。采用附加问句方式既可减缓冒犯他人的程度,同时也给人以亲切感。

[29] 我的笔记不全,等整理好了,再借给您,好吗?

[30] 当然,但是我今天没带。

[31] 太好了,不过目前还没时间。

这种策略使拒绝者反主为客,把为难的答语转向了请求者一方,既表达了拒绝的含义,同时使对方体面地接受拒绝。例[30]、例[31]中在拒绝时,拒绝者常常象征地表示赞同,然后再将不能答应请求的拒绝说出来。

6. 策略手段的有效运用

在礼貌补救策略的基础上,我们列举几个较为常用的间接拒绝策略手段。

(1)暗示策略。

[32]你上班要转乘几趟车吧?真不容易。早睡早起,精力充沛才不会影响你的工作。

暗示是一种比较模糊且更有礼貌的言语行为,使受话人有可能从另外的角度理解话语的含义,从而避免造成潜在的面子损伤。上述例句可以解释成天色已晚,主人担心客人离开太迟不安全,但又不便直接请他离开,于是暗示客人:这种暗示比直截了当地说"不好意思,很晚了,我不留你了"或"对不起,我想你该走了。"更为让人容易接受。

(2)致歉策略和建议策略。

[33]真抱歉,我暂时没空,我觉得小张的翻译功底也不错,你找他试试好吗?

[34]这周我们的工作日程都排满了,改天再去,你看怎么样?

上述例句拒绝者首先给出了拒绝对方合情合理的理由,或态度诚恳地向对方表示歉意,或许能取得对方的谅解;同时,如果能设身处地为对方着想,理解对方的难处,并为对方提供其他解决问题的办法,就很有可能被对方接受。

①找借口。

[35]有一天建国打猪圈平顶,说人手不够,找四平去帮个忙,四平心痒痒着只想着去赌钱,便扯谎说妹子盖大门,昨天就说好了。("爱蚀"《小说月报》,1997年)

[36]叶光荣领人去抓村长,细种突然觉得没有把握,便捂着肚子,屹激下来,嘴里哼哼唧唧的,叶光荣说:"怎么了?"细种说:"狗娘养的肚皮不争气。"("乡村行动"《小说月报》,1997年)

这是中国拒绝别人时,最常用的方法,别人求帮忙,借口常是没有时间、病了等;别人借东西,借口则是没有这样东西或者坏了等。

②推诿。

[37]珍妮见了记录,大喜过望,当下便要抄,于连舫用手按住医案说,

不经过龚老先生准许,她无权将医案转抄于人,珍妮不肯罢休,于连舫说你去找老爷子吧!("黄连厚朴"《小说月报》,1997年)。

把拒绝的原因说成是由于有关的人,或者把拒绝的责任推给他人。

③拖延。

[38] 老尹说:"别的我什么也不想,就想上大学。"白占仓说:"这会儿不行。我调你到公社中学教书吧,只要不扔下书本,将来总有上大学的一天。"("求学"《小说月报》,1997年)

[39] 我找我们领导谈借房子的事儿,领导问我:"你排队了吗?"我说:"我排队了。"他说:"好同志,好青年,你慢慢排着吧,如果中间没有人加塞儿,到21世纪上半叶你一定可以分到自己的房子了。"("贫嘴张大民的幸福生活"《小说月报》,1997年)

上述例句也是一种拒绝的方式。

④装作没听见或是转移话题。

[40] 甲:我想和你借点钱。

　　乙:我最近需要多做几个工作。

[41] 甲:你能不能不和小张交往了?

　　乙:我们吃饭吧。

上述例句面对需要拒绝时,中国人也常常装作没听见或是转移话题,以此来进行间接地拒绝。

综上所述,从人与人的关系来看,拒绝时需要采取的委婉方式的主要是不太亲近,也不太疏远的;从所谈的事情看,拒绝需要采取委婉的方式的主要是别人的请求,需要采取委婉的方式时,具体的方法有找借口、推诿、拖延等。

7. 其他附加语手段

拒绝时为了保证对方的面子不受威胁,说话人要通过道歉、贬己、无奈、勉强而为、含糊其辞等来维护听话人的面子。为保证对方的面子不受威胁,说话人要学会使用礼貌策略,千方百计让听话人的面子得到尊重。说话人可通过迎合听话人心意和取悦说话人的语言,让自己的行为获得说话人的承认和赞许。人们在交际中希望得到别人的肯定和赞许。这种愿望一旦获得满足,正面的面子就得以保全，这些保全受话者正面子的手段大多也是用附加语的形式体现的，如下几种：

（1）考虑受话人的需求。

［42］我知道你喜欢这辆玩具车，咱们有钱再买吧。

［43］我知道你喜欢，但是我没有钱。

表示深知受话人的需求，而且对其加以考虑。这种拒绝策略常用于拒绝间接请求，如孩子间接请求买辆玩具车，父母可以这么说。

（2）表示共同的利益。

［44］我也想知道，可是老师没说。

（3）用加强语表明诚意。

［45］什么？3000元？我实在没有。

［46］我真的要去学习了。

（4）从言语上理解受话者。

［47］天的确挺热，但我们必须按课程表上课。

［48］我也希望能帮他，但是我确实没有钱。

这种策略指拒绝者满足听话者的一些要求，例如，他的要求得到理解、支持。在拒绝语中这种策略说明拒绝者知道请求者的请求，并且也愿意他们得以实现。

（5）用诱哄语。

最常用的诱哄语是"你知道"，它并非实指听话者知道该对话中的某些细节，而是把此话语内容当作一个普遍现象来说，从而使听话者欣然接受。诱哄语的使用可以增进或保持与受话者之间的和谐关系。

［49］你知道，对于我来说，5000块钱的确为难呀！

［50］你知道，如果我有钱，我肯定会帮助你，但是我没有。

（6）对听话人表示移情。

［51］甲：这巧克力真好，可惜我没有钱，恐怕我一辈子也买不起这种巧克力。

乙1：咱们彼此彼此。

乙2：咱们谁分谁，要是我有钱，不用你说我就给你买了。

说话人用语言刻意对听话人表达心态和意图，以及听话人从说话人的角度准确领悟话语的用意的行为是一种语用移情。甲出自礼貌，会从乙的角度说一句十分贴心、得体的话语，这种移情的话语听起来倍感亲切。例句中的乙采用移情的说法，与甲在观点、意见、态度等方面达成共识。语用移情的微妙之处在于说话人总是从对方的角度进行语言编码，在拒绝语中，这种策略使双方缩短距离，从而减缓了面子威胁行为。

（7）表示尊敬。

在下级对上级拒绝时，中国人常用敬语，通过敬语再次使请求者与拒绝者的关系明朗，敬语可以直接称呼对方或谈话中的物体。一般来讲客观尊敬的方式有两种：一种是贬己，另一种是拒绝者从语言形式上让对方的请求显得至关重要，通过抬高对方来满足对方的面子。拒绝者利用如下方式，突出表现请求者的地位高于拒绝者。

①称呼。

［52］老师，真对不起您，这本书借出去了。

②贬己尊人。

［53］甲：您弹一曲吧，让我们也见识见识。

乙1：弹得不好，有损主人面子。

乙2：不想给您丢面子。

乙3：还是别卖弄了，水平有限。

③安慰对方。

［54］别那么担心。

［55］别着急嘛，过两天就知道了。

这种策略从关心对方着手，从而淡化了拒绝。

第三节　赞扬、批评表达方式

在人际交往中，按照语义来区分，赞扬、批评也是表示同意、反对表达方式的一种类型。

走在城市的际线：
汉语国际教育中同意与反对的表达手段

一、赞扬表达方式

"赞扬"在《现代汉语词典》中的义项有1条：动词，称赞表扬：~好人好事。|孩子们爱护公共财物的事迹受到了人们的~。类似赞扬的词如称赞、赞成、赞同、赞美、赞赏等。

赞扬是人们日常交际中频繁使用的一种礼貌言语行为，研究表明，这一言语行为并不像看上去那么简单，它涉及社会文化的许多方面。

（一）赞扬表达方式的特征

1. 词汇特征

［1］甲：我今天穿的还行吧？

乙：你这条裙子真漂亮！

［2］甲：我上台就开始放松了！

乙：露了一手！

［3］甲：我这学期得了二等奖学金。

乙：真羡慕。

2. 人称特征

表达个人主观的态度与评价时侧重于用第一人称赞扬，被赞者选择接受或拒绝的余地较大；以第二人称为赞扬主语，反映了赞扬者直接、明确、热情、诚恳的赞扬态度，往往使被赞者难于拒绝。根据利奇（Leech，1983）礼貌程度等级，当话语内容使听话人得益时，说话人的话说得越直率，强求听话人接受的愿望越明显，话语就越能显出热情，也就越礼貌，普通话赞扬的主语人称特点正反映了这一点。

（1）第一人称。

［4］我真羡慕你。

（2）第二人称。

［5］你真行！

（3）第三人称和无人称句。

［6］裙子很漂亮！

[7]好球!

[8]真不错!

3. 普通话赞扬的句法特征

普通话赞扬在语言形式上也具有极强的可预见性,绝大部分赞扬采用了以下五种句式:

(1)①(程度副词)形;

②(程度副词)形+名。

[9]真漂亮!

[10]好枪法!

(2)①你+动+得+(程度副词)形;

②名+动+得+(程度副词)形。

[11]你画得真好!

[12]你的歌唱得真好!

(3)①你+(程度副词)形;

②名+(程度副词)形。

[13]你真棒!

[14]你的裙子真漂亮!

(4)你+(程度副词)有/是+名。

[15]你还有这两下!

[16]看不出你还是个行家。

(5)①(我)+(程度副词)动+(你);

②(我)+(程度副词)动+(名)。

[17]我真羡慕你的嗓子。佩服,佩服!

在普通话赞扬中,使用频率最高的词类是形容词,如"漂亮、好、不错、棒、靓、高、酷"这几个形容词。其次为名词,使用较少的是动词。名词性赞扬主要通过一手(两手)、两下、本事等词来体现其赞扬意义。常用的赞扬动词包括羡慕、佩服等(李悦娥,2000)。

（二）赞扬表达方式的应答语分类

1. 感激标志

[18] 甲：你穿这件毛衣看起来很漂亮。

乙：谢谢。

在这种同意类应答策略中，感激标志如"谢谢"往往被认为是最常见、最普遍的应答方式。这种应答的特点是听到称赞后用"谢谢"或者微笑来回答，表示同意。其语义上不涉及称赞的具体内容。例[18]中，甲对乙的毛衣给予较好的评价，以示友谊与善意。乙采用"谢谢"来表示接受甲的称赞。这种应答既能表示"同意接受"，同时又蕴涵着"同意您的评价"的态度，体现了社交中的礼貌原则。

2. 评论接受

[19] 甲：你的歌唱得真不错。

乙：音质还可以。

评论接受的应答策略的特点是：在表示同意接受对方称赞的同时，自己也提出相关的赞同性意见。这种应答与对方的称赞内容相一致，表明被称赞的一方愿意接受对方的称赞，同意对方的评价。

3. 升级夸奖程度

[20] 甲：小刘，你真棒！

乙：那确实，这事少了咱还不成！

[21] 甲：我喜欢你今天穿的这件外套。

乙：你不是第一个夸我的人，也不是最后一个。

这种应答方式的特点是接受称赞，但认为赞扬的程度还不够，还需要自我称赞来进行补充。在例[20]、例[21]中，乙都很坦然地接受了对方的称赞，并且恰到好处地自夸一番，使语言显得更加风趣、生动。在汉语环境里，经常使用这种应答方式，这种应答有时候是一种调侃，多发生在非常熟悉的人之间。

4. 转移

[22] 甲：昨晚你做了一件大好事。

乙：我吗？那得谢谢老张，他帮了我大忙了。
　［23］甲：你这件毛衣真漂亮！
　　　乙：哈哈，那是我嫂子手巧。

"转移"实际上是"指称转移"或"转移称赞"，赫伯特（Herbert，1989）把它归类为同意类应答策略。更确切地讲，这种应答方式是一种缓和式应答。当被称赞者觉得"有愧"于夸奖时，便采用"转移"的方法，把称赞目标转移给他人或别的事物上去。在上述例句中，乙把甲的称赞转移到另一个指称对象上，从而把自己排除称赞范围，因而使乙显得既谦虚又诚实。可见，乙既没有接受称赞，也没有否定称赞，而是转嫁称赞。这种避免自夸的应答策略不失为一种得体的应答。

5. 回敬

　［24］甲：那件衣服多漂亮啊！
　　　乙：你的衣服也漂亮。
　［25］甲：好久没见，更漂亮了。
　　　乙：你也苗条多了。

回敬这种应答方式既表示同意接受称赞，同时又回敬对方一个称赞。在例［24］、例［25］中，乙都采用了"你夸我，我也夸你"的方式来回敬对方的善意，拉平了两者之间的关系。可见，与"评论接受"相比较，这种应答更突出双方关系的一致性和平等性，维系一种和睦、友善的关系，加强了交际者之间的团结。

6. 降级赞扬的程度

　［26］甲：你获得了哈佛大学的奖学金，真是了不起啊！
　　　乙：谢谢，确实令人高兴。
　［27］甲：你今天上课表现太好了。
　　　乙：马马虎虎。

降级赞扬的程度这种同意接受称赞的应答方式是中国人表示谦虚的做法，是汉语中特有的。在例［26］中，乙巧妙地用"令人高兴"代替了"了不起"这个词，从而降低了被称赞的程度，同时也表示了同意接受甲的称赞。

7. 假问

［28］甲：你这次的文章写得很好。

乙：真的？

这种应答策略通常以"是吗？""真的？"这样的问话来回应对方的称赞。而这种问题通常是一种假问，并不需要对方的回答，并且常常伴有表示满意、喜悦的面部表情，或者表示"同意"的说法。例［28］中的会话便具有这个特点，当发话人向对方发出称赞时，对方以"真的？"作出应答。这类答语除了"真的？"之外，还有诸如"是吗？""不是开玩笑吧""真不敢相信"等。

8. 原因性接受

［29］甲：你对你的父母真好，能给他们写那么多信。

乙：那当然了。我半年才见到他们一次，不能见面，写些信还是可以做到的。

这种应答策略也是汉语所特有的，指在接受对方称赞的同时，指出使其受到赞扬行为产生的原因。在例［29］中，乙用"那当然了"一句接受对方的称赞，同时指出（自己给父母写信）受到赞扬的原因：见面的次数很少，因此写信以免父母牵挂。这样，被称赞者乙既接受了对方的称赞，又讲明原因以示谦虚，是中国文化特征的体现。

9. 回避

［30］甲：你今天穿得好漂亮。

乙：呃，今天我们讨论什么呢？

［31］甲：你现在工作很出色。

乙：嘻嘻／嘿嘿／（笑容或动作）。

［32］甲：你最近不错，进步很快。

乙：……

在汉语称赞语的会话中，经常出现当某一方赞美另一方时，另一方采取回避的方式。会话中甲、乙双方各持一个话题，有的甚至没有丝毫的关联，例［30］中乙的话语完全没有涉及甲的话语内容，违反了关联准则。此外，量的准则要求会话提供足够的信息量，但称赞语会话中有时受话者反馈的信息很少，甚至没有信息反馈，如例［31］、例［32］均违反了量的准则，受话者没有针对发话提供足够的信息，甚至没有提供信息。

10. 不接受

［33］甲：你做的菜真不错。

乙：做得不好。

［34］甲：你的发言很精彩。

乙：哪里哪里。

［35］甲：你的报告做得比我们好多了。

乙：我只是乱讲一通。

［36］甲：下面有请我们美丽的许女士……

乙：去，去，都老太婆了，还美什么嘛。

这类应答策略是指被赞者否定或否认被赞扬，或明确表示不接受赞扬，如"哪里，哪里""过奖了""不行，不行"等。汉语称赞语的多数应答语都是自我否定、自我贬低、自我推诿型的，因此使用最多的是谦逊准则，于是形成许多惯用的说法，如"不行""不好""献丑""见笑""惭愧""过奖""拙见""小打小闹""不足挂齿""才疏学浅""笨鸟先飞""没出息""瞎干的""小巫见大巫"等。

11. 忽略

［37］甲：今天你的演讲真不错。

乙：我还有点事情，先走了。

指被赞者由于没有注意到赞扬或有意忽略赞扬的应答。

12. 接受

［38］真高兴听到你的夸奖。

指被赞者表示同意或接受赞扬的应答。

13. 质疑准确性

［39］我哪天不漂亮啊！

指被赞者怀疑赞扬的准确性或加以修正的一种应答策略。

14. 质疑用意

[40] 别打我的主意，我有男朋友了。

指被赞者对赞扬的意图或诚意采取表示怀疑的应答方式。

15. 提供事实

[41] 甲：这个上衣真漂亮。

乙：昨天刚买的。

被赞者提供赞扬所指的相关事实、交代来历或原因。

16. 转移焦点

[42] 甲：这双鞋真漂亮。

乙：你也买一双吧？

这是一种被赞者将会话焦点由赞扬所指转移到其他事物上去的应答方式。

17. 复合式

[43] 谢谢，你也一样。

[44] 是啊，真维斯的，你也来一件。

复合式指由一个以上的应答组合而成的应答。例[43]是感谢+回赞复合式，例[44]是感谢+提供事实+转移焦点复合式。

二、批评表达方式

（一）批评的释义

批评，也是反对表达方式的一类，是一种日常生活中频繁出现的交际现象，包括自我批评和对他人进行批评，本书只讨论后一种批评。每一种言语行为都有其自身的构成规则和规定规则，批评作为一种言语行为也不例外（Searle，2001）。布朗和列文森（Brown & Levinson，1987）提出面子是人类的基本需求，即在语言共同体中保持自己的公众形象面子分为两类：一类是积极面子，希望得到对方的同意、认可或赞许；另一类是消极面子，希望不被对方反驳或阻止。因此，人们不仅要设法保全自己的面子，更要不让对方的面子受到损害。然而在实施批评时，又不可避免地威胁对方的积极面子，需要有策略地进行拯救，在指出对方错误或过失的同时，又尽可能少地伤害对方的面子。社会是一个层级组织，由不同身份地位的个体构成的。地位是一个广义的概念，其涉及的参数不仅有权力的大小，而且有年龄的老幼、辈分的高低、从事职业的社会声誉、接受教育的程度等。在社会交往的互动过程中，地位是一个不容忽视的因素，它影响着交际者对话语的选择（陈建祥，2007）。"批评"在《现代汉语词典》里的释义有2条：①动词，指出优点和缺点；评论好坏：文艺～；②专指对缺点和错误提出意见：～她对顾客傲慢的态度。本书采取第2条释义。

（二）批评表达方式的类型

1. 分类标准

中心言语行为（简称CSA），是言语行为的中心；辅助言语行为（简称ASA），用来辅助实现言语行为，修饰语用来修饰中心言语行为和辅助言语行为。然而根据所获得的语料发现：中心言语行为和辅助言语行为的区分并不是很明显。因此，在本书中没有区分中心言语行为和辅助言语行为，而把它们统称为中心言语行为。搜集到的语料出现了下列四种语言序列模式：

（1）只有中心言语行为。

［45］身体是革命的本钱。

（2）中心言语行为+修饰语。

［46］张老师，您改错了一题。

（3）几个中心言语行为。

［47］喂，打球要注重配合，而不是个人表演。

（4）修饰语。

［48］你这小混球！

限于文章的篇幅，本书仅对中心言语行为进行了分析。

2. 中心言语行为

陈建祥（2007：36）根据说话人批评意图的显隐程度，把批评策略分为两类：直接批评策略和间接批评策略。直接批评策略是指批评意图较明显的策略，一般用指责、命令、禁止、威胁、评价等直率坦白的方式，直接对听话人的行为、话语提出批评并要求其改正；间接批评策略是指批评意图较隐蔽的策略，一般用询问、提醒、建议、劝阻、希望、鼓励、指导或字面上较婉转的命令禁止、责备、警告、威胁等方式，间接地对听话人的行为、话语提出批评并要求其改正。但需要注意的是，由于社会约定俗成的原因，在批评语气上，间接批评策略并不见得比直接批评策略更和缓，如反问句形式的间接责备式的批评语气往往更强。

（1）直接批评言语行为。

中心言语行为有直接和间接之分，我们将其视为一个连续体。所谓直接性，是指说话者的意图与话语字面意义的透明程度（王爱华，2001）。

[49]老师，你少给了我5分。

[50]你犯了一个严重的错误。

[51]靠，素质太差了。

直接批评的言语策略分以下几种：

①规则。

[52]先生，凡事都有先来后到，都像你这样，还不成了乱麻？

[53]怎么连对不起都不说啊？太不应该了。

当参与某项活动时，我们必须遵守一定的规则。在批评他人时，发话者有时也会指出这些规则。

②威胁。

[54]别玩了，明天考试了。再玩，别怪我翻脸！

[55]你怎么干的工作？不行就别干了！

[56]爷爷，再抽烟我就不理你了。

为了帮助受话者纠正自己的错误或者避免再犯同样或类似的错误，发话者有时也使用言语威胁。当然这种威胁有时候也不一定是恶意的，甚至可能是发话者在向受话者撒娇。

③侮辱。

[57]你有没有记性？这道题上次跟你讲过，可你没记住，真笨！

[58]你真笨，学习要动脑。

[59]你没长眼睛？妈的，下次小心点！

在某些情形下，发话者不能原谅受话者犯下的错误，会使用粗俗的语言，甚至用脏话来批评受话者。这不仅加大了批评的力度，而且在情感上极大地伤害了受话者的面子。

④追究过失。

［60］唉，你怎么又做错了？我可告诉过你好几遍了！

［61］这题我可教过了，怎么又做错了呢？

［62］爷爷，上次咳得喘不过气来，吓死我了，怎么又抽啦？

有时候发话者提及发话者以往的错误，并对其进行批评。

⑤惩罚。

［63］小李啊，你平时不是蛮细心的吗？这次要好好检讨一下。

［64］小张，你太粗心了，扣半个月工资！

［65］怎么搞的？不知道这次会议很重要吗？回去写份检讨。

为了使受话者铭记自己所犯的错误，发话者有时宣布对发话者进行惩罚。

⑥质问。

［66］小刘，你在想什么啊？注意力这么不集中！

［67］小董，怎么搞的？这么重要的会议都不转告我。你这秘书怎么当的？

［68］主任，我星期六不可以休息一下吗？

发话者有时会质问受话者并对其进行质问或者批评。

⑦提出要求。

［69］爷爷，从明天开始，我要测你的忍耐力，少吸一包烟。

［70］不准再抽啦，我还等着你给我主持婚礼呢！

［71］王局，老让我加班要付加班费啊。

有时发话者会借助于一种提要求的形式来达到批评受话者的目的。

（2）间接批评言语行为。

间接言语行为的言外之力是通过另一言语行为的实施来实现的。根据话语表达的语用功能，我们将间接批评言语行为分为以下几类：

①隐含策略。

隐含策略是指说话人不明显提及被批评者，或其错误行为，而是采用暗示、含蓄、模糊的表达等间接形式来实施批评言语行为。隐含的批评主要是为了礼貌地避免与听话人的直接冲突，避免伤害其面子，主要有以下几种模式（赵英玲，2004）。

A.暗示。

[72] 同学，你是不是忘了一个程序就把书装进书包了？

暗示策略让说话人的话语听起来不像批评，但有意留给听话人一席空间，让听话人自己根据上下文推断其含义。

B.开玩笑。

[73] 服务员，我们的肚子要闹革命了！

有时候开玩笑是一种积极的礼貌策略，它使听话人感到轻松，在批评言语行为中，开玩笑使说话者既不威胁对方的面子，又达到了批评的目的。

C.反语。

[74] 真是未见其人，先闻其声呀！

[75] 张姐，你的衣服也太漂亮了，太前卫了。

[75] 实在对不起，我不小心把脚搁在您脚下了。

[76] 嘿！你们胸有成竹哦！

反语也是人们日常使用的一种批评语言形式，在批评言语行为中，反语的使用能够使人们在谈笑间使听话者认识错误，避免了伤害其面子。例[74]是批评这个人的声音太大。在某些场合，为了避免和受话者发生冲突，发话者会使用反语的策略，但是会给人不真诚的感觉，如例[75]、例[76]、例[77]。

D.替代听话人。

[78] 论文还需要修改，里面有不少错误。

[79] 稿件的好坏，直接影响到我们报社的声誉。

为了保留听话人的面子，说话人只把重点放在描述或指出对方所做的事情的结果上，而不是在听话人上。

E.引用语。

[80] 孩子，老师不是说了不能躺在床上看书吗？

说话人引用第三者的观点，间接地对听话人提出了批评。

②缓和策略。

说话人使用缓和策略时是决定公开指出对方的错误,但又不太想伤及对方面子。说话人通过言语缓和策略来减轻说话人批评言语的程度,强调其批评的善意性,并减轻面子威胁的强度。其方式主要有:

A.使用模糊限制语。

[81]在这件事情上,恐怕就是你的不对了。

模糊限制语可以就话语的真实程度或范围对话语内容作出修正,也可以表明说话人对话语内容所作的直接主观测度(吴淑琼,2004)。在汉语中,"恐怕、可能、或许、好像"使用得比较频繁。

B.先表扬后批评。

[82]我们班的文体活动开展得很活跃,但在学习方面还比不上别的班。

[83]哇!新衣服不错嘛,颜色挺好的,只是这个款式不太适合你。

为了维护受话者的面子,批评有时候借助褒扬的形式进行。说话人通常先肯定听话人的成绩或优点,然后再明确地指出其不足之处,这样可以缓和批评语的程度,不太威胁听话人的面子。在汉语中用得最广的是先扬后抑的批评方式,这是因为中国人深受传统儒家思想的熏陶,形成了相对西方人而言比较内向、含蓄、稳重而又惯于忍受的性格,言语、行为不要伤害他人,要给人留面子。由此,中国人在批评别人时,总是先肯定优点,然后再指出一两点不足的地方,或者再以"希望"的方式鼓励对方克服缺点错误,这样的方式很容易使对方乐意接受对自己的批评。

C.给出理由。

[84]你们都复习好了吗?我都紧张死了。

[85]老师,这道题你判错了,你能不能更正一下?

[86]爸,您太累,妈妈会心疼的。

实施批评时,发话者往往给出批评的理由。根据理由的角度来划分,原因可以分为三种:发话者的角度原因,如例[84];受话者的角度原因,如例[85];第三者的角度原因,如例[86]。

D.提供选择。

[87]爸爸,你身体不好,需要多休息,我已经长大了,大学生找兼职很

容易的，薪水也不错。

［88］爷爷，抽烟对身体不好，要是瘾上来了，就忍一下，我们给您准备了一些吃的来帮您戒烟。

为了使受话者心平气和地接受批评，发话者有时给受话者提供一个选择，从而表达自己的仁义、关爱之心，同时又维护其面子。

E.提醒。

［89］你又错了，你应该仔细点，同样的错误最好不要再犯了。

［90］不对，忘了上次跟你怎么讲的啦？

［91］朋友，双打不是单挑，注意配合。

发话者给受话者一些提醒使其意识到自己的错误，从而自觉地加以纠正自身的行为。

F.睿智俗语。

［92］甲：他怎么没注意那个细节呢？

乙：千里之堤，毁于蚁穴。

通过睿智俗语来批评受话者也是一种批评策略，有时候有警示的作用。

③策略的混合使用。

［93］你怎么能这样粗心呢？我看你还是回去反省一段时间吧。

［94］小刚，你怎么回事？老让我们替你付钱，你又不是没钱，也该你付几回了吧？有时候发话者同时使用几种策略来实现批评的目的。

（三）批评时所采取的表达方式

从传统上来看，中国社会结构是以家长制为基础的，这样的社会维护上尊下卑的秩序，长辈或上级有资格和义务对晚辈或下级进行教导和批评。因此，上级对下级经常使用教导或警告的直接批评策略，体现了自己的权威，遵循了对方的社会身份。同时，中国又深受儒家思想影响，在不得不表达批评之意时，说话人会尽量从听话者或他人的角度出发，而不是以自我为中心，从而既满足听话人感情上的需要，也使自己在对方心目中留下美好的印象，因此在批评时会采取一些方式。例如：

（1）上级对下级（官权）。

中国人多采取警告威胁式、提醒点拨式、命令禁止式、责备式，批评比较严厉，这与等级观念是密不可分的。

［95］天上哪能掉馅饼呢？

［96］你太不像话了，天天上班迟到，能干就干，不能干回去。

（2）下级对上级（长辈）。

中国人一般不敢批评上级或长辈，即使批评也多采用请求式。

［97］老爸，你总抽烟，能不能不抽了？

［98］张总，您的报告我已经打好了，您看您该拿去了吧？

（3）平级（朋友）。

中国人从关系准则出发，由于自己与对方是朋友，即使事情严重也不一定会采取严厉的批评，多采取旁敲侧击的点拨式、提醒点拨式，有时候也可能采取严厉的责备式。

［99］小张，我都说你几回了？还不改！

［100］下次再迟到我可不替你说话了！

（4）平级（陌生人）。

中国人对与自己社会距离最远的陌生人多采用严厉的责备式。

［101］往里站站啊，堵着门都进不去了！

［102］这菜怎么还没上齐啊？

第四节　允许、禁止表达方式

在现代汉语中，按照语义来分，允许和禁止也属于同意、反对表达方式之列。

一、允许表达方式

"允许"在《现代汉语词典》里释义有1条：动词，许可：得到～，方可入内。

［1］甲：我可以进来吗？

乙：可以。

[2]甲：这里能抽烟吗？

乙：能。

允许的表达方式一般都是通过请求来实现的。

（一）允许表达方式所使用的场合

汉语中"给予许可"的方式多种多样，分正式和非正式的场合。

1. 比较正式场合的允许表达方式

在比较正式的场合，若提出请求，例如："我在想不知可不可以给她写封信？你能让我把车停在这儿吗？我改变计划你介意吗？我可以用一下这本书吗？"等。表达允许时可以选用如下回答："我看你的请求没什么不可以的；当然可以，没什么理由不让你去做"等。

2. 在不太正式的场合的允许表达方式

在不太正式的场合，表示请求、许可时，用语要随便得多。如果提出"今天我可以回家吗？我现在可以听音乐吗？我可以用你的自行车吗？行吗？有可能吗？"等请求，我们在表达允许时可以选择的表达方式："行；随便；请吧；没什么不可以的；是的，为什么不呢；没问题；放心吧"等。

（二）请求策略类型及允许的回答

请求也是一种威胁面子的行为，因此发话人在发出请求时，会将交际双方年龄、地位关系等社会因素考虑进去，采取相应的礼貌策略，使这一行为对双方面子的威胁程度最小。影响请求言语行为方式最重要的两大因素是社会距离和相对权势，徐晓燕（2005）从地位、年龄、性别、亲密程度等因素出发考虑，把社会距离分为三类：①较小距离（如家庭成员或好朋友之间）；②中等距离（如熟人或同事之间）；③较大距离（陌生人之间）。同样，相对权势也可分三类：①发话者权势小于受话者权势（如下属对领导）；②发话者权势等于受话者权势（如同学、朋友之间）；③发话者权势大于受话者权势（如老师对学生）。请求策略类型按照直接程度的不同可分为三类：直接策略、规约性间接策略和非规约性间接策略。

1. 直接策略

用明确的话语直截了当地向受话人发出请求是一种直接策略，通常用祈使句或陈述句来实施，如"给我备车""传一下钥匙"等。在三种策略类型中，直接策略礼貌程度最低，对受话人面子威胁程度最大。例如：

［3］丈夫（对妻子）：今晚做点鱼吃吧。

［4］老师（对学生）：去把班长叫来。

［5］顾客（对服务员）：再来壶茶。

在汉语中，直接策略一般用于社会距离较小的交际者之间，如例［3］。当交际者之间社会距离中等，说话者相对权势大于听话者时，也常采用直接策略，如例［4］。在一些特定的场合，通常为服务场所，即使社会距离较远，也常用直接策略，如例［5］。这种服务场合提出的直接请求，对方一般都会采取允许的回答，如"可以，行，好的，这就去办"等。

2. 规约性间接策略

说话者通过询问对方的能力、意愿、事件的原因等方式，委婉地向对方提出请求属于规约性间接策略。它可以采用一些固定形式来表达，如"能不能""我想……"等，可通过陈述句或一般疑问句来实施。因为这种策略类型对受话人面子的威胁程度不大，如果请求的事情不是很费力，一般情况下的回答是允许的，例如：

［6］我可以从这儿过一下吗？

［7］能把你的自行车借我用一下吗？

3. 非规约性间接策略

这种策略主要采用暗示表达法，通过含蓄的暗示由受话者根据具体的语言环境来推测其言外之意，但不直接说出自己的请求。这种请求给听话人留下了较大的选择空间，如果听话者不愿意做这件事，可装作不懂甚至不予理睬，可接受请求也可回避。

［8］甲：明天放假了。

乙：是的。

其实甲的意思有可能是想让乙带着出去玩，或者是一直很累，这回想好好休息之类的，主要用暗示法来表达自己的真正意图。乙只是顺应了甲的问话，没有进行其他的猜测。

中国人在表达请求时，更多地采用直接表达法，但有时又过于间接，尤其当说话者权势小于受话者权势时，回答多采取允许的态度，经常以"暗示"请求别人帮忙做事。受身份等社会因素的影响，地位高者向地位低者、长者向幼者要求做某事是"名正言顺"，地位低者满足地位高者的要求也合情合理，采用直接策略不会让对方觉得难堪，受话方也会采取允许的应答方式。

二、禁止表达方式

（一）禁止的释义

"禁止"在《现代汉语词典》里释义有1条：动词，不许可：厂房重地，~吸烟｜~车辆通行。

按照《现代汉语词典》，"禁止"就是"不许可"的意思，汉语里表示类似意思的字词还有"不""勿""止""免""莫"等。在公共场所，比较常见的禁止性公示语为：严禁停车、严禁通过、禁止烟火、禁止触摸、禁止游泳、不准吸烟、不准照相、不准大声喧哗、闲人免进、非公莫入、游人止步、请勿践踏草坪、请不要摘花等。有时也会采用"别，不"等。例如：别说了！不要说了！别说话了！

（二）禁止表达方式的分类

1. 公示语的概念

公示语指的是在公共场所向公众公示须知内容的语言，它包括标识、指示牌、路牌、标语、公告、警示等（丁衡祁，2006）。

2. 禁止表达方式的分类

（1）禁止性公示语。

禁止或制止人们想要做的某个动作或某件事情，例如：

[9] 禁止吸烟！

[10] 禁止乱扔果皮纸屑！

[11] 禁止游泳！

（2）警告性公示语。

警告性公示语就是警告人们做某种动作的危险性，例如：

[12] 请勿倒置！

[13] 请勿触摸！

（3）指令性公示语。

是指通过传达直接规则与强制信息，强制人们必须做某事，以此来指导人们的行为，具有十分明显的强制效果。其语用功能就是禁止、要求和劝诫受示者不能或不要做某事，（有的也有提醒、提示规范的行为，遵守某种公共秩序）。指令性"禁止类"公示语多用来传达强制性命令，特点是句型结构简单凝练，常用祈使句，用词简洁经济，用否定意义的词语，如"严禁，禁止，不许，不准，切勿，请勿"等。此类公示语具有瞬间的视觉冲击力，有操作性很强的感染功能，"收言后之力"的特点（罗选民，2006）。

（4）提示性公示语。

这类公示语是通过提供信息提醒人们应该怎么做，没有强迫性质，例如：

[14] 油漆未干！

[15] 图像采集处！

[16] 无烟商场！

（5）参照性公示语。

这是一种通过提供有关信息供人们参考的公示语，目的是为他人方便。

[17] 不收门票！

[18] 送客止步！

[19] 闲人免进！

现今，随着社会开放，中国经济旅游业的发展，很多标示语也开始采取温和的表达方式。例如："小草微微笑，请您边上绕""爱护草地，请勿入内""小草青青，足下留情""青青的草，怕你的脚"（张美芳，2006）。广州某高校校园采集到下面几则具有相同语用含义的标示语:"知心难觅,芳草难培""你确定只是踩着一株草吗?""你的关怀爱护,让我笑容灿烂"等。

第五节 小结

本章在言语行为理论的基础上,主要论述了同意、反对表达方式在表义上的分类。同意、反对表达方式在表义上是对立的,本意是"是"和"不是"的关系。因此,两者在表义上是不同的。究其内涵,各自又存在着多种不同的类别。同意表达方式包含的是"同意""肯定""答应""赞扬""允许"等;而反对表达方式表示的是"反对""否定""拒绝""批评""禁止"等。因此根据语义分成了肯定、否定表达方式;答应、拒绝表达方式;赞扬、批评表达方式;允许、禁止表达方式四类表达方式。就社会结构而言,中国传统上是以家长制为基础的,社会结构以辈分为核心,这就决定了中国的社会关系的本质是等级的。为了维护上尊下卑,上级或长辈有资格和义务对下级或晚辈进行批评教育。因此,上级对下级经常使用教导或警告的直接批评策略,体现了自己的权威,遵循了对方的社会身份。就传统文化思维定势而言,中国是一个深受儒家思想影响的国家,长期形成的"和睦相处""以和为贵"的民族心理及"知礼数"的处世方式,形成中国人内向、含蓄的性格,而在言语行为中处处表现出"委婉含蓄",批评也不例外。在不得不表达批评之意时,说话人会尽量从听话或他人的角度出发,而不是以自我为中心,从而既满足听话人感情上的需要,也使自己在对方心目中留下美好印象。因此,他们在批评时,总体上趋向间接批评行为,以减轻面子威胁程度或不伤人面子为原则。因此书中重点论述了拒绝表达方式、批评表达方式所实施的策略。

第四章

同意、反对表达方式所使用的场合

第一节 书面语中的同意、反对表达方式

一、书面语的内涵

随着文字的产生,在文字记录口语的过程中,逐渐形成比口语精确、严密的书面用语,为语言的加工、确立规范提供了条件。书面语也称文字语,指用文字记录下来的、在书面上交际使用的语言,区别于"口语"。它以口头语言为基础,扩大了语言在时间和地域流传并对口语的发展和规范产生影响。我们现在的书报、杂志等使用的都是书面语,它比口语容易记录、保存和传播。书面语的产生,交流的双方不再受时空的限制,使各种知识传播得更快、更广。它的特点是:精确、严谨、规范。

二、书面语的作用

书面的东西,无论是书信、文件、传真、合同,它们的共同特征是:供人阅读的,有物质载体的,看得见的,有迹可查的。这些特征是书面语的内在特征。"口说无凭,落笔为据"两句成语都强调书面语作为"证据"的功能,而这一功能又是建立在其"有迹可查"的特征之上的。书面的东西通常被认为是比较严肃的东西,涉及正规的、重要的事情时,人们偏向于使用书面语(郑立华,2001)。书面语常与"严肃"联系在一起,而"严

肃"又使人想到"正规"与"重要"。这里的书面语指以"写"为途径的形式，与以"说"为途径的口头语相对而言。两者的最大区别之一是书面语有物质载体，而口头语则没有。本书中书面语是根据语言表面形式和语义来划分的，主要包括会议文件、合同、协议、契约、申请书、广告、标语等。

三、书面语中的同意、反对表达方式

（一）各类合同、协议书、契约中的同意、反对表达方式

合同文本一般在表示同意的时候，直接写上"同意"二字即可生效，要么就是签字或者盖章，签名与盖章是使书面语合法化的手段。事实上，书面的文件，本身是不能作为"凭证"的，它必须有一个代表文件出处的东西来证明其真实性和有效性，这种东西就是签名或公章，代表个人的签名和代表集体的公章都可以被用来使书面文件生效。在中国，公章要比签名更重要些，因为在公章的背后有一个群体的保障，个人签名代表着明确的个人责任。在中国，经常可以只盖公章不签名，然而，必须指出的是，公章和签名的使用在很大程度上取决于具体的场合、文件的性质以及人际间相互的信任程度。例如，在中国，如果是写个便条，那么一般签个名也就可以了。如果是官方的、很正规的文件（如文凭或合同），除了个人签名外，一般还要加盖公章甚至骑缝章。要是不同意或者持反对意见就不签字也不盖章。

商务合同、住房贷款、医患合同、手术同意书、接种疫苗知情同意书等，无论是哪一种，在双方签订时，双方当事人在签署合同时，如果同意，就签字盖章，如果存在分歧和未尽事宜需要协商，就不履行签字盖章手续。

（二）会议文件中的同意、反对表达方式

人大常委会组成人员在讨论拟通过的决议草案时，会对决议进行表态。其决议是一种领导性、规定性的文体，是国家权力机关对某个问题或重要事项，经过会议讨论研究并表决通过后正式公布，要求有关单位和个人贯彻执行的一

种公文。它集中反映了与会者的共同意志和主张，具有鲜明的权威性和很强的约束力，一般都是对本行政区域内的重大事项作出的，如"国民经济和社会发展计划""财政预决算""一府两院年度工作报告""普法规划"等。还有一些是属于"一府两院"当前工作中的重点和难点问题，如计生工作、环保工作、社会治安综合治理工作、某项议案的办理工作等。无论什么内容，这些决议都是通过在人代会和常委会会议上，人大代表和常委会组成人员审议相关计划、规划、报告和工作汇报后作出的（马顺利，2002）。这就涉及了对该计划、规划、报告、工作汇报的基本评价问题，如果同意一般会运用"批准""同意""原则同意"的字样。

1. 批准

主要用于人代会上对六个报告（政府、计划、财政、人大、法院、检察院）的决议，也多用于跨年度的工作规划、计划和专项工作方案的决议。如国民经济和社会发展"第×五"计划、"第×个"普法规划、某市环境污染综合整治实施方案等。一般表述为："会议决定批准这个报告（规划、计划、方案），并作出如下决议，相对于"同意"和"原则同意"，"批准"更具法律的规定性、程序性、权威性。

2. 同意

主要用于常委会会议对"一府两院"工作汇报的决议。一般表述为"会议同意某某代表市政府所作出的某报告，并作出如下决议……"对这些汇报的决议，一般不用"批准"。

3. 原则同意

这是一个颇为模棱两可的词语，是有所保留的同意，一般出现在审议和讨论中争论较大、意见较多的报告、决议之中，说明该规划、计划、方案、报告有一定缺陷。对这类报告，现在惯常的做法，往往是人大先通过，会后再修改。如果与会者对决议反对和不同意，那就不批准、不同意，决议也不能通过，或者待所要作出决议的规划、计划、报告修改完善后，再作决议。

（三）申请书中的同意、反对表达方式

申请书是一种交流性书信文体，使用广泛，常用于个人或单位对于组织上表达愿望或提出某种要求，主要针对个人（单位）的某些社会行为提出。如开工、开业项目申请、困难补助申请、加入组织申请等。参加群众组织、学术团体，必须由本人提出申请，一般都写成书面申请书。作为组织、团体，都有自己的宗旨、纲领、纪律，并要求参加者符合自己组织的标准、条件，还要进行审查的程序。

我们在申请入党、入团、出国留学、基金、奖学金、科研项目等都有一栏是填写"部门意见"或者"个人意见"，在需要表明态度时直接写明"同意"或"不同意"字样即可。例如，一个申请出国留学的博士生，需要征得自己导师的意见，在"导师意见"一栏签字是否同意该生出国。因为表格的简洁性，只需直接写出：同意和不同意。如果双方达成共识，可以签署了，那么就会在那一栏里签字：同意。有时候除了写同意之外还需要加盖公章，有的没有公章可以画押，即按手印。要是反对就写上"不同意"的字样，或者不签字、不盖章。有时候如果不同意或者反对还会简单注明原因，为何反对或者不同意。

（四）广告

广告语言具有广义与狭义之分，广义的广告语言指广告中使用的一切手段和方法，其中既包括声音语言、音乐语言、平面语言、图像语言，也包括文字语言等；狭义的广告语言指广告中的文字语言，即广告中使用的语言文字，具体包括商标、广告标题（引题、正题、副题）、广告标语（口号）、广告警示语、广告正文和广告文案等（梁吉平，2006）。本书采取狭义的广告语言定义，以公益广告语言中的同意、反对表达方式为例。

1. 公益广告中的同意、反对表达方式的特点

（1）过去公益广告语中的同意、反对表达方式的特点。

所谓公益广告是为公益行动、公益事业提供服务的，以推广有利于社会的道德观念、行为观念和思想意识为目的的广告传播活动（刘晨红，2005）。我国

早期的公益广告主要为宣传国家大政方针政策、法律法规服务,风格庄重、谨严。特别是法律法规的宣传,语言必须以严谨、恰当的形式表述法律内容,法律的强制性、权威性和严肃性要求其政策在选词择句上体现出自身特色,并在长期的使用过程中形成庄重、严谨的风格特点。法律政策宣传语极少使用比喻、夸张等修辞方式,内容上主要源自国家宪法或政策文件,宣传时杜绝掺杂个人色彩,所以语言风格偏重理性、平淡、严谨,多为号召、宣传、警惕等性质的宣传内容。如"打击违法犯罪,维护社会治安""严禁乱砍滥伐,违者罚款"。这些宣传语多为理性诉求,常见遵守、维护、严禁等词语,给人一种生硬强制的心理感受。因此,过去广告语中的同意、反对表达方式的特点是比较单一,只按照表面的意思或者语义来进行宣传。有的则是口号化、干巴巴的空洞说教,让人难以接受,甚至产生逆反心理。

(2)现今公益广告语中的同意、反对表达方式的特点。

①现今公益广告语中的同意、反对表达方式的变化。

近年来,随着社会发展,公益广告语言逐渐渗透到多项领域,在精神文明建设中发挥着越来越重要的作用,其语言风格也发生了巨大的变化。由于人们思想突破了原有的束缚,语言风格趋向多样化、人性化。除法律、政策条文外,增加了感性思想和情感诉求,使人在耳濡目染、潜移默化中完成既定的公益行为。广告中原来同意的表达方式比较单一、呆板、生硬,现在变得新颖别致、启迪性强、耳目一新,从而让人们自觉地约束、规范自己的行为。反对类的广告过去总是用"禁止""不许"等词语,语气生硬,不近人情;这种板着脸"管人""治人""训人"的广告有些时候不能达到宣传的目的。下面我们先看看同一内容的两组公益广告中同意、反对表达方式的转变:

A组: B组:

[1]损坏玻璃罚款十元。   [1]当心压坏玻璃受伤。

[2]严谨狩猎鸟兽。   [2]劝君莫打三春鸟,子在巢中盼母归。

[3]有毒必肃,贩毒必惩。   [3]手拉手远离毒品,心连心造福社会。

[4]实行计划生育是我国基本国策。[4]时代不同了,男女一样好。

A组公益广告是以前我们最常见的一种形式,语言表达不讲技巧,用词严厉、态度生硬，俨然是在发号施令并强制他人执行，这样的公益广告感觉高高在上、盛气凌人，容易引起人们的逆反心理，难以接受。B组公益广告的内容与A组相对应的各条意思完全相同，但语言表达截然不同，也是我们现今多见的形式。采用了请求、提醒的方式，平等友爱的对话态度，调动修辞手段，使语言富有人情味和感染力，缩短了传播者和公众之间的心理距离，很容易使人产生认同感。两者对照，不难看出过去和现今公益广告的变化。

②现今公益广告语中的同意、反对表达方式的特点。

A.词语方面。

敬词、口语词增多，科学、政治、公文术语减少是现今公益广告的一大特点。如现在公益宣传中已经很少使用"严禁""罚款"等生硬词语，大多用委婉劝诫的"请""勿"等词语，使受众在心理上摈弃了公文引起的恐惧心理。如"请勿吸烟"，敬语"请"的使用使受众在心理上处于优势地位，避免了生硬的"严禁"，显得友善礼貌，极具人性化。

B.语法方面。

语法方面突出表现在长句和短句的使用上。以往的公益宣传较多使用简短醒目的祈使句，现在的公益广告语言则长短句结合，陈述、祈使、感叹等语气适时融合，使句式显得活泼多变、生动形象，语气也呈现出请求、劝勉、鼓励等多种语用效果，为不同风格的表达创造了条件。如"也许，你的指尖夹着他人的生命——请勿吸烟！"句中，既有主谓句"你的指尖夹着他人的生命"，又有非主谓句"请勿吸烟"；既有陈述语气，又有祈使语气，文言虚词"勿"使语言庄重文雅，形成简洁明快的风格；而祈使句呈现的委婉规劝，也使语言在表达上摆脱了平铺直叙的僵硬呆板（梁吉平，2006：72）。

C.修辞方面。

公益广告语言除了运用语音韵律外，更突出表现在多种辞格的运用上，从而以生动形象的文字准确表达意图，简洁鲜明，言有尽而意无穷，使语句达到完美、感人的表达效果。在公益广告中常见的修辞手法有对偶、对比、夸张、排比、仿词、比喻、谐音、双关等。如献血宣传语："一滴血，一片心，一份爱"；环保宣传："节约用水用电，关'住'点点滴滴"。众多修辞方式的运用，使公益广告避免了单调乏味，给人耳目一新的感觉，易于达到宣传目的。

D.语言使用方面。

（a）禁止换成提醒。

将严厉的禁止语言换成善意的提醒语言，如把"禁止吸烟"改为"为了您的健康，请别吸烟"；将指责的语言换成问候的语言，如改"不讲卫生可耻"为"养成卫生习惯，祝您身体健康"；将冰冷的语言换成温馨的语言，如改"不要浪费水"为"每人节约一滴水，绿色就会充满人间"。这些广告用语优雅、客气、尊重人，人们受到礼遇就会自觉、自愿地改掉那些不良行为。

（b）一般换成哲理。

将一般化的语言换成富有哲理的语言，如把"林区严禁烟火"改为"一棵大树可以制造千万根火柴，而一根火柴会毁掉千万棵大树"；将概念化的语言换成形象化的语言，如改"爱护花草"为"别摘走那朵向你微笑的花，她还要向每个人问好"；将平淡的语言换成名言警句，如改"不要浪费粮食"为"谁知盘中餐，粒粒皆辛苦"；将直白的语言换成幽默的语言，如改"便后冲水"为"来也匆匆，去也冲冲"。这些广告用语有丰富的思想内涵，富于哲理，诙谐有趣，耐人寻味，使人过目不忘，在享受语言艺术之美的同时获得教益。

（c）第三人称换成第一人称。

将第三人称语言换成第一人称语言，如把"建设文明校园"改为"我为校园添光彩"；将陈述语言换成反问语言，如改"支援希望工程"为"同志，你将为希望工程作何贡献"。这样的广告用语给人以亲切感、新鲜感，有利于增强人们的主体意识和参与意识。值得一提的是，公益广告讲究新鲜生动，但绝不可卖弄文字技巧，追求新奇怪异，哗众取宠。为了提高其艺术性，增强其吸引力、感染力，我们可以适当借鉴一些艺术表现方法和选用叙述、感叹、反问、对偶等不同句式，特别要注意语言的规范、简洁、通俗易懂，避免使用方言俚语、专业性很强的词语、容易引起歧义的词语和让人看起来费力的长句，更不要文白夹杂，洋腔洋调，故作斯文，让人看了别扭生厌（杨昌庆，1998）。

公益广告语言对词语、语法、修辞、语言使用等要素的综合运用，是其语言风格转变的主要手段；加之现代社会中语用、语境的延展，形成了独特的语言风格，更加注重礼貌、情趣；因此既传递了信息，又增强了与受众在情感上的沟通交流，成功地把握了民众的感情和心理需求，使读者在情感、心理上易于接受公益宣传并付诸行动，达到了宣传目的；既发挥了公益广告语言的宣传作用，又成为现代社会中不可或缺的一道亮丽风景。通过对比我们不难发现，公益广告语言在对政策法规的宣传时增加了多样化的情感诉求，风格逐渐偏重感性，语言充满情感、人性化。在情感、心理上折服民众，而不是以生硬的条文规定来约束、恐吓。公益广告是对某种长期习惯的改造，一句简单的劝告难以达到预期目的，现今语言风格的变化综合了语言的各种要素，将宣传目的准确而又生动地表现出来。

（五）标语

标语与广告有重复、类似的内容和形式。《现代汉语词典》中"标语"的释义是：用简短文字写出的有宣传鼓动作用的口号。公关标语是社会组织为实现既定的公关目标以文字为媒介创制的用以宣传鼓动的简短语句，在传播组织公关信息上更有其独特的作用（屈志凌，2007）。标语在中国是一种司空见惯的存在物，无论是城市还是乡村都可以见到其踪影，几乎每个时代、每个社会领域、每次或大或小的社会活动都有其标志性的口号，数量繁多、内容复杂、影响深远。尽管现在大众媒体发达，但标语仍然是重要的宣传手段之一。

1. 标语中同意、反对表达方式的特点

标语中的同意、反对表达方式具有明确性、直白性、针对性。例如"崇尚科学，反对迷信""崇尚科学，反对邪教""高举科学旗帜，反对封建迷信"等。具体体现为用词简洁、言简意赅、语义明晰。

（1）言简意赅。

由于标语的载体一般是墙壁、横幅、标牌、电子屏幕等，为了醒目，字体往往较大，因此字数也不宜过多，尽量使用较短的句子。标语必须用词简洁。用词简洁既体现在用词上简炼，不啰嗦，如"严禁烟火""禁止吸烟"；也体现在句式上，它常常使用一些成语、诗文之类高度凝缩的句式，如"万众一心，众志成城，抗击非典""独立自主，自力更生"。形式上篇幅短小，内容上深刻丰富。如"抗美援朝，保家卫国"只有短短八个字，但将抗美援朝的目的和意义阐述得一清二楚。这样的标语简洁明了、含义丰富，如"绿色奥运、人文奥运、科技奥运"。这体现了对尊重自然、奥运的人性化、科技的现代化。

（2）通俗易懂。

标语口号的表义要求主旨鲜明，提倡、反对、要求什么都非常清晰，并直截了当地表达出来，使人一看就知晓标语口号的内容，如"珍爱生命，远离毒品""禁止吸烟""严禁酒后驾车"等。标语主要是用来宣传，若看不懂就失去了宣传的意义，语义明了的语言，人们更容易接受。为此标语口号的用词力避艰涩、隐晦，应多用普通词语，保留语言材料的本来面目，少用临时的转义。力求句子结构简单、明晰。如"打土豪，分田地"只有六个字，但反映了当时党的土地改革政策，也使老百姓一看就明白，多年后成为一个时代的象征。而"请系好安全带""严禁酒后驾车""打110不收费""交通事故请拨122"这样的标语口号如此的口语化，无人不懂。"只生一个好"浅显通俗，深入人心，起到很好的宣传效果。

（3）和谐悦耳。

标语口号是一种口头语言，最初是用来呼喊和传诵的。喊出来是的口号，听起来要和谐悦耳；写出来的是标语，念起来要朗朗上口，必须富有韵律，方才便于呼喊与传诵，才能为公众喜闻乐道，很快地接受，收到更好的效果。为了使标语口号富有韵律通常采用如下几种方式。

① 讲究平仄。

[5] 团结就是力量。

[6] 发展体育运动，增强人民体质。

[7] 解放思想、实事求是、团结一致向前看。

②利用对称。

[8] 新北京，新奥运。

[9] 致富不忘国防，和平不忘忧患。

[10] 司机一滴酒，亲人两行泪。

③利用排比。

结构相同是排比的一大特点,从排比的形式看通常有词的排比、短语的排比、句子的排比。写标语为了使音节匀称也常常用到排比这一修辞方式。由于标语的句子简短,采用短语的排比和词的排比较多,其作用是能让人热血沸腾,豪情昂扬,有效地凝聚鼓舞人心士气。例如:

[11] 面向现代化、面向世界、面向未来。

[12] 万众一心、众志成城、抗击非典。

④韵脚和谐。

押韵使语言悦耳动听,旋律优美,和谐统一。为了易于上口,便于传诵,人们在写标语时也常常运用押韵。例如:

[13] 马达一响,集中思想。

[14] 车轮一动,想想群众。

[15] 千家万户想团圆,行车走路讲安全。

通过以上分析我们发现,书面语中的同意、反对表达方式的特点是基本上都从形式和语义上的分类,即能从表面上或者表义上立刻知道是同意还是不同意,涉及用语的不多,表达方式简洁明了,一目了然,这样可以直接表明态度和观点。

第二节 口语交际中的同意、反对表达方式

口语主要相对于书面语而言,是人们根据语音、词汇和语法三个要素,通过自身的发音器官直接发声来表达,彼此进行交际和表达思想感情的有声语言。口头交际在我们的日常生活中必不可少,由于口语主要用在人们口头交际中,在使用时又总是在一个特定的环境中,因此交往时人们可以用相对书面语更省力的语言来进行交流。口语是以说和听来进行交际的,其主要表现形式是会话、辩论、独白等。口语交际包括很多方面,本书选取了有特点的课堂、法庭、商贸谈判、日常交际中的同意、反对表达方式。

第四章
同意、反对表达方式所使用的场合

一、课堂上的同意、反对表达方式

1. 面子理论简述

布朗和列文森（Brown & Levinson，1987）认为，如果人们在交际中要相互合作，说话时就要在保留面子方面进行合作。在交往中由于人们在面子受到威胁时会设法保住自己的面子，而且会在保住自己面子的同时又威胁着别人的面子，因此在交往中为了给自己面子，也为保留对方的面子，最好的办法就是使用礼貌语言。他们认为人们在交际中的面子包括正面面子和负面面子。前者指的是希望得到别人的肯定和赞许，后者则指有自主的自由，不因迁就别人或受到干预、妨碍而使自己感到丢面子。同时提出了威胁面子的行为并针对此提出了补救的礼貌策略。下面做简单论述。

（1）课堂上威胁面子的行为。

许多言语行为本质上是威胁面子的行为。这就是说，说话人的话语总会不同程度地使对方的面子受损。课堂上威胁面子的行为主要有以下几种（张秀芹，2003）。

①导致听话人负面面子受损的面子行为。

A.说话人向听话人发出命令或请求，给听话人压力，让他做或不做某事。例如：

［1］立刻把作业交上来。

B.说话人向听话人提出建议、劝告，认为听话人该做或不该做某事。例如：

［2］我建议你马上离开教室。

C.说话人因听话人可能忘记某事而提醒听话人要做某事。例如：

［3］你做作业了吗？

D.说话人威胁听话人或向听话人发出警告，要求听话人按说话人的意图办事，否则听话人将受到某种惩罚或需承担某种后果。例如：

［4］如果你现在不交作业，就立刻给我滚出去！

②导致听话人正面面子受损的面子行为。

A.说话人不同意听话人的想法或见解，甚至反对听话人，或对其予以批评、蔑视、抱怨、谴责、指控、侮辱等。例如：

［5］只有傻子才能问那么愚蠢的问题。

B.说话人认为听话人有误解，或认为听话人的看法有错误或不合情理的地方，于是表示不同意，或给予反驳、否定等。例如：

［6］你认为你自己能独自完成这个实验吗？不，那是不可能的！

（2）正面与负面的礼貌策略。

由于言谈中的面子行为总在威胁着交际双方的面子，于是为了保住双方的面子，使交际顺利进行，最好的办法就是使用礼貌策略。这就要求在话语中恰当对待面子行为，尽量使交际双方在正、负两方面的面子都得以保留。针对面子行为，布朗和列文森提出的礼貌策略主要有以下几种。

①正面的礼貌策略：满足对方面子正面的要求。

A.表明共识。包括说话人对听话人的赞赏、兴趣和观点方面的认同等。例如：

［7］这个问题你所说的观点正是我所想的。

B.表明说话人和听话人的合作。例如：

［8］你这个解题思路是对的，我仔细考虑一下步骤然后告诉你我的想法。

C.使听话人的需求得到满足。例如：

［9］你肯定是累了，换一章节复习怎么样？

②负面礼貌策略：满足对方面子反面的要求。

A.不强求。给听话人自主，他可以不接受说话人的观点或要求。例如：

［10］你愿意回答这个问题吗？

B.向听话人道歉，表明无意在感情或行动上伤害听话人。例如：

［11］很抱歉，我不是故意这么做的。

C.寻找借口，避免对方因欠情而产生尴尬，维护对方负面面子不受伤害。例如：

［12］我给你带些习题，正好以前买过的现在也不用。

③间接礼貌策略：避免直言不讳，不直接接触对方的面子。

A.说话人通过暗示的方式间接表达自己的意图。例如：

［13］这道题做得有些模糊。

提醒以后做题要清楚一些。

B. 说话人有意违反合作原则中的某一准则,让听话人推导出其间接表达的意图。例如:

［14］你去交作业吗?

意思是帮我把作业带过去吧。

C. 说话人含糊其辞,模棱两可,声东击西。例如:

［15］期望孩子们尊重长辈。

希望孩子们能尊重长辈。

2. 课堂上的同意表达方式特点

课堂教学就是双方共同完成预定任务的一种统一活动,即老师教课和学生学习这种共同任务。师生会话在课堂教学中,尤其是在实行交际语言教学中占有举足轻重的地位。因此,如何保证课堂环境下的师生对话成功进行,成为一个亟待解决的问题。师生会话是一种技巧,并不仅仅是简单的老师问学生答。我们认为在课堂教学中,老师必须充分考虑学生的心理,尤其是面子需要,规范自己的语言,少给学生点压力,避免伤害他们的面子。

(1) 教师直接表达同意的课堂评介语。

在课堂教学中,教师对教学效果等方面的信息需要得到及时反馈,为此而进行的各种形式的检测及评价是必要的,语言评价是最常用的形式。科学合理的语言评价有利于激发学生学习热情,增强学习的动力。教师的评价语言如果较为单一、贫乏,带来的结果有可能是学生对待评价的漠不关心或者不满,从而失去了评价的价值和意义,但是过于频繁和概括也会失去赞扬、鼓励的效果。一般教师表示赞同或者同意都以"是的,对""好,可以""行"为评语来进行评价,如对答得好的说"好""非常好"或"真聪明"等。例如:

［16］学生:我觉得这一段的主要意思是关于运动后应该多喝水是有益的。

教师:非常好。

教师通过自己的言语、表情传递给学生亲切、鼓励、信任、尊重的情感信息,可增强学生自信心,培养他们上课认真、积极的态度和情绪。

（2）课堂上的表扬。

表扬是教师对学生好的思想行为作出肯定性评价，用以巩固和发扬他们的优良行为，是对学生思想行为的一种正强化过程，让学生在良好行为与受表扬之间建立固定的神经联系，使外部强化变成一种内部动机，提高学生做好事的积极性，从而养成良好的行为习惯。教师对学生的这种肯定性的评价，对学生的影响往往是深远的。因为他们常把教师对自己的评价看成是社会衡量自己的标尺，是对自己思想行为的正确与否的一种界定。学生回答结束时，教师应该给予恰如其分的肯定和表扬，这可以使学生树立信心，积极进取，克服自卑、厌学心理。哈墨（Hajeremy，2000）曾经说过，由于学生的成功而表扬他们，也许要远比他们失败时纠正他们更重要。例如，有位老师在口语课上的一次分组讨论后是这样纠正学生的错误的。

［17］好，刚才所有人都做得不错，大部分人的观点都很精彩，并且语音语调都很好。但是我想让你们注意一下部分观点，第一个……

这位老师在纠正错误时既表扬了学生，提高了他们的积极性，又在不伤及他们正面面子的同时，使全班同学都注意到了自己犯的错误，从而不断改进自己。这不失为一种好的策略。

（3）运用非言语交际和副语言的同意表达方式。

①体态语中的同意表达方式。

体态语中的同意表达方式，能帮助学生消除畏怯心理，跨越交际障碍。课堂交际中的畏怯心理首先来自一些非言语交际行为的暗示作用。以眼神的运用为例，有经验的教师总善于运用眼神，并与有声语言相配合，去表达丰富的思想感情，调节并增添课堂的交际氛围。由于课堂上教师所处的是"一对多"的交际范围，往往容易顾此失彼，使未被注意到的学生感到与己无关而置身于课堂交际之外，因此教师应适当地利用"环顾"行为，让视线有意识、有节制地照顾到课堂上所有的学生，并把他们纳入交际范围。这样可以让每个学生感到你在同他说话，可以满足他们的交际需要，提高参与交际的兴趣。教师本身也可以借此比较全面地了解学生的心理反应，进而调整自己的表达方式。当学生发言时，教师应投入以鼓励、支持的目光，表明你对他的意见的尊重并对他的想法感兴趣，这将对学生的交际行为产生积极的强化。反之，教师若目中无人，对学生不屑一顾，即使自身的语言水平再高，也难以形成良好的课堂交际气氛。当学生在言语交际过程遇到障碍时，教师应教给学生如何求助于表情、手（身）势等非言语交际行为来弥补语言本身的不足，使交际活动得以继续。

②利用副语言中的同意表达方式。

利用副语言中的同意表达方式，调节、控制课堂交际氛围，吸引学生积极参与。运用副语言行为克服交际中的障碍是语言策略能力的体现，教学中副语言行为的调控，在很大程度上影响着言语交际能否顺利进行。几乎每个学生在课堂上进行交际时，都或多或少地经受过畏怯心理的困扰，这种困扰常常构成严重的交际障碍。教师亲切的语调、和悦的表情、鼓励的目光都有助于缓解学生的紧张情绪，克服交际中的心理障碍。在各种副语言中，语调的变化最富有感情色彩，如人们从语调中能听出感叹、欣赏和赞美之情，如"嗯，啊"回复学生的回答。一个好的老师绝不单单传授语言规则，而是自始至终都示范着各种语调的交际功能，使课堂交际有声有色，具有强烈的感染力，从而使学生置身于真实的言语交际环境之中。

3. 课堂上反对表达方式的特点

（1）课堂上的反对评介语。

①直接表示反对的课堂评介语。

如果不同意或者反对就会使用"不对，错了，不行，不好"等反对形式的评介语。

[18] 学生：本书的中心思想是如何获得时间经验。

教师：你听课没？不对！

直接表示反对的表达方式的好处会使一些上课不注意听讲、不认真学习的同学有所收敛或者开始集中注意力，有的也会因为受到老师的打击而记得特别牢固。但如果是对待一个内向自卑的学生，直接的对学生观点进行否定，会极大地刺伤他们的自尊心，可能接下来的半节课或者一天的课程，都会沉浸在回答失误和老师一棒子打死的那种恐惧、自责、失望当中，甚至还有可能以后的课堂上总是以"不会"二字来拒绝回答。

②委婉表达反对的评介语。

在学生回答问题后,老师还应当以得体的语言对学生的回答做出反馈。有些老师喜欢对回答正确的学生仅仅说声"好,坐下",而对回答错误的学生只是简单地告诉他错了,有的甚至干脆让其站在那儿,再去叫别的学生回答这个问题,而不注重对学生所犯错误进行引导。学生回答问题,出现错误是在所难免的,正确处理学生所犯的错误十分重要。教师可根据学生的不同心理状态和承受能力区别对待。对回答得不太好的说"不太坏""还可以";对不能回答出的说"别介意""没事的""再仔细考虑一下"或"我想如果你再仔细一些,肯定能做得更好"等。例如:

[19] 教师:文章这段主要告诉我们什么了?

学生:失踪的飞机。

老师:失踪的飞机?现在你愿意读一下最后一句话吗?

学生:好的。(读)哦,主要讲述是百慕大黑三角之谜。

教师:好,不错,请坐。

[20] 教师:我同意你的部分观点,但是谁能再给一些观点和想法?

[21] 教师:你可能也是对的,但是我们可以从另一方面来回答这个问题。

[22] 教师:你回答的不对,谁能给出正确的答案?

在上述四个例子中,例[19]老师为了不损伤学生的正面面子,没有直接给出学生否定的评价,而是进一步引导学生找出正确的答案。例[20]和例[21]虽然直接给出了评价,但却没有全盘否定,"同意部分观点"和"你可能是对的"。利用正面和间接礼貌策略既暗示了学生的回答跟老师想要的答案不一样,在维护学生的正面面子的同时鼓励学生自由发表自己的看法。因此,前三例都不失为老师评价学生回答的一种良策。而例[22]则直接否定了学生的回答,损伤了学生的正面面子,挫伤了他们的自信心和回答问题的积极性,是老师在教学中应当避免的。

(2)课堂上的批评。

批评是对学生不良行为的否定性评价,使其克服改正自己的缺点和不良行为。实践证明,无论是刚步入学校大门的少年儿童,还是即将走向社会的大学生,有时候批评都是必需的、不可缺少的。但是,这种批评能否发挥它应有的效果,往往受多种因素的制约,因此教师在对学生进行批评时要有针对性、差异性、适度性、及时性等策略。学生在做错事情或者回答问题不理想时千万不要挖苦讽刺,批评责备,如"你真愚蠢""太笨了""真失望"等,这些带诋毁性的评价,会严重挫伤学生的自尊心,使学生形成"我不行"的心理定势,最终导致对学习的厌恶或放弃。教师给学生纠错时要讲究方法,既可以采用启发引导的方式,让学生自己明白错误所在、自己改正,也可以用"真的正确吗?"或"你确定吗?"等质疑的方法来激发学生思考问题,或提供正确的答案让学生进行对比,然后用"哪一个你认为好一些?"的问话方式让学生作出正确的选择。这样既给学生提供了自我纠正的机会,使其在同学面前没丢面子,又培养了学生自我鉴别能力。在课堂上,教师要尽可能控制自己的情绪,不迁怒、不急躁,切忌使用否定的、消极的评价,努力营造安全和谐的课堂心理气氛。

二、法庭上的同意、反对表达方式

法庭场合属于一种社会化场合,通常受到某些规则和社会固定行为模式的影响和制约。但是即便在这类话语语境中,语言使用者仍会根据自己的熟练程度运用各种不同的交际策略,而不拘泥于某一种固定的模式。在法庭话语交际中,争议是法庭辩护的重要环节,法庭争议以循环交互式进行。原告与被告双方的律师发表公开辩论,轮流陈述事实和证词,为他们的当事人辩护、操作证词、作辩论总结,双方都试图左右事实的话语。律师的职业身份意味着对法律知识具有权威的了解和认证,发言人不仅要进行推理,而且要对判决或处罚有争议的地方进行辩论,对以往的事件和意图做出不同的解释,这种解释影响着最终的判决结果。由于事实或证词的供认可以引起人们注意案情的重要性,乃至于影响案例的判决走向,律师一般采取提问这一方式,通过重点陈述一些与判决有关、对判决有利的事实以及有关证人、辩护人知识、信仰、动机、个性特征等方面的信息,使听众主动地将信息联系起来(吴迎春,2009)。

(一)法庭上显性的同意、反对表达方式

在日常会话争论中,如果前一句说得少很容易在后面的话语中作出修正,前面若说得太多就可能在某个地方让人找到把柄。法庭作证也一样,人们希望听到简短回答,尤其在直接询问时,只需要回答"是"与"不是",而不需要作深入解释。直接询问往往意味着介绍新信息,任何信息的引入都可能影响判决,因此简洁回答就足够了。在法庭上,审判长在进行审判时,被告人采取的同意、反对表达方式具有显性类的特点,即直接回答同意还是反对。通常情况下,由于法庭的规范性和法律的严肃性,很多时候采用显性的同意、反对表达方式,即根据问话及答话情况直接表明态度。例如:

[23] 审判长:北京市某某区人民法院刑事审判庭现在开庭。被告某某,叫过别的名字吗?

被告人:没有。

(二)法庭上隐性的同意、反对表达方式

在庭审中还会运用多种语用策略和手段,即隐性的同意、反对表达方式。作为一个具体实施法律的规范化场合,法庭交际中自然存在着一整套不同于日常言语交际的法律语言体系、语言应用规则和语用规范,在具体的语言运用手法、语用意图表现等方面都具备独有的特征,这类属于法庭上隐性的同意、反对表达方式。

1. 问话策略中的同意、反对表达方式

律师界有句名言,"不问自己不知道答案的问话。"这句话在中国法庭冲突双方的问答互动中得到了较好体现。法庭对话与日常对话最大的不同点就是:不是会话双方而法官是最重要的听众。控辩双方都力争通过对话让法官推断出最有利于己方的会话含义,这就使问答双方为了控制对方而绞尽脑汁使用各种策略。

(1)问话的完整性,顺序性。

法庭给予问方——公诉人或律师问话的权利,所以他们占有主动地位。为了使法官能很清楚地明白会话的目的和含义,问方多使用支配力强的正反问话、

是非问话或附加问话，而很少使用宽式特指问话。不但如此，律师或公诉人开始通常隐藏自己的真正意图，从一些清楚的事实，离争论核心和焦点相关性弱和远的问题（或相反）开始询问，从而分散对方的注意力，在对方意识到之前逐渐实现自己的意图，让法官发现对方话语中的前后矛盾之处或者不实之处（刘娟，2008）。例如：

[24] 原告律师：请问贵厂有高级工程师几名？

被告：没有。

原告律师：工程师几名？

被告：也没有。

原告律师：技术员呢？

被告：两名。

原告律师：再问一句，两位技术员任职资格由什么机构评定？

被告：是由厂务会议决定，职代会通过的。

原告律师：有没有国家统一颁发的职称证书？

被告：暂时没有。

原告律师：有没有外聘工程师，技术员？

被告：也没有。

原告律师：既然这样，我想请教被告，××仪器是一种高级精密仪器，贵厂既没有工程师，也没有国家统一考核评定的技术员，又没有外聘技术骨干，你们是怎么保证××仪器达到国家统一的质量标准呢？

被告：无言以对。（刘娟，《法庭语言的语用特征探析》，2008年）

从前面的例句可以看出，为了得出"该厂生产的仪器无法达到国家的统一标准"这一结论，问话人——原告律师并没有直接问"你们有什么技术力量能保证产品达到国家的统一标准呢？"而是步步为营，从强的必要条件到弱的必要条件，注意问话的完整性、顺序性，最后逼得答话人——被告无言以对，没有反驳的余地。问话人最后通常带有总结式的陈述问话，其作用不可小视，这种问话既能串起对方已承认的命题，又能提醒法官注意问话的不言而喻的结论。

（2）使用带预设命题的问话。

预设作为语言学中一个重要的概念，由于它具有主观性、隐蔽性等特点，常被律师作为在法庭询问证人或被告时的一种语言策略。律师通过问话中隐含的预设信息形成"预设陷阱"，诱使证人或被告做出有利于己方的回答，从而实现自己的意图（陆少兵，2005）。在法庭控辩中，问话人通常的一个策略是使问话带上"预设命题"。其目的是使问话能支配答话人，使答话人的答话满足自己的推理，从而达到符合自己的目的。例如：

[25] 公诉人：你非法卖给他人房屋，给他人开具的收据是哪儿来的？

　　　被告：呃，收据是公司给的。

公诉人在问话中已经把被告的行为当作"非法"行为，这是公诉人的一种问话策略，一旦粗心的答话人只注意问话的核心而忽视问话的预设命题，就给问话人留下了突破口。

2. 目的冲突双方答话特征中的同意、反对表达方式

法庭问话在庭审中受到相关因素的制约，法庭答话也同样受到相关因素的制约，如答话人的能力、意愿和法庭规则等。通常情况下，答话在内容和形式上都受问话支配，但是，问答推理绝不意味着答话在推理中不起任何作用，因为问话推理成功与否，取决于能否让答话人认可问话命题，或者提供问话所需要的信息和命题。在法庭上，问话人提出的指控事实、证据等不是由问话人说了算的，而是要通过与对方的问答互动得到证实。但答话的真正作用力不在于一味地否认问话命题或拒绝提供问话所需要的信息，面对确凿的事实证据撒谎肯定会输掉官司，答话的真正反作用力在于合理合法地挫败问话的意图，避开问话设置的"陷阱"，使问话人无法实现问话想要达到的目的。

（1）应答和应对。

因为不存在没有问话的答话，所以答话的研究必须依靠问话来进行。从句法的角度来说，每个疑问句都有疑问点，因此有疑问词、疑问结构等。而从语用和言语行为的言外行为角度出发，问句可能没有疑问点。也就是说，疑问句有疑问点而问话可能没有疑问点，因为在特定的环境里，问话可以是不寻求信息的,不是实行"询问"行为而是其他的特定行为,如"请求"等。在法庭问答互动中,答话人的答话分为两种,应答和应对。答话如果给出了问话中的疑问点的信息,答话是应答;答话如果没有针对问话中的疑问点的信息,答话就是应对。

(2)答话的策略。

在目的冲突双方的问答互动中,由于双方的利益冲突,"应对"现象通常多于双方目的一致的问答对话,在内容不利于答话人的问话中"应对"的现象最多。

①应对的策略。

A.答非所问。

[26]公诉人:什么时候磨的?

被告:他磨什么东西都到我家去。

公诉人询问某某什么时候去了被告家里磨东西,被告没有正面确切地回答是什么时间,而是答非所问。

B.纠正问话中的前提。

[27]公诉人:你认为你这个投资活动,你认为这个7000万元大不大?

被告:不是,一开始不是7000万元,一开始是300万元。

C.重复问话或假装不懂问话。

[28]律师:你知道之后为什么不离开现场终止犯罪呢?

被告:我没听清你的话,请你再说一遍。

[29]公诉人:嗯?你怎么供述的?我问你,就这个情节。

被告:怎么供述的?就这么供述的。

D.反预设。

答话人如果察觉到对方的问话有预设命题时,为了消除问话的前提,使问话站不住脚,通常在答话中否认预设命题,甚至请求法官给予沉默权,对问方的问话不予回答。

[30]公诉人:你当时怎么想的?

被告:我当时——我就问问主任,主任——怎么说怎么办呗。我当时没想过。

这事儿，我就说以后问问主任再说。

公诉人：后来呢？

被告：后来我也没想过，后来这事儿我不知道。

②应答的策略。

A.答话后立即附加解释。

[31] 律师：董事会？那么，你的公章，你认为8月25号之后到——被告登报申明公章遗失这一期间，你认为你还是不是合法的持有者？

证人：嗯，这个时候呢，我认为我是合法的持有者。<u>当时这个这个过程呃，当时公司的董事长也曾经向我要公章，但是我没有给他，因为我认为他没有这种权利，他个人向我要公章呢，从法律上来讲应该是不合法的。我知道董事会有个集体，有个决议，我这样才能这样做。再有一个考虑呢，因为当时呢，我认为这个公章交给这个公司法人某某某手里呢我确实有些担心，所以说我没有答应他的要求。</u>（刘娟，《法庭语言的语用特征探析》，2008年）

划线部分很明显违背了会话原则中的量的准则和方式准则，但在法庭会话中具有特别的意义。证人特别是专家证人经常运用这种策略显示自己掌握的知识，强调自己说话的真实性。而被告运用这种策略其目的通常是解释原因从而减轻自己的罪行。

B.使用模糊语。

[32] 公诉人：放哪儿了？

被告：他好像是放在胸前这儿了。

一个"好像"不仅蕴含着"也许可能"的意思，更重要的是有着引申的话语含义"并不一定"，从而被告就降低了命题的确切程度，给自己留有退路。

C.引用他人的话作答。

[33] 公诉人：这女的叫什么知道吗？

被告：听说叫某某某。

"听说"的主语是"我"，即这句话意味着"我听说她叫某某某"。分析话语的前提就知道，"她叫某某某"这一命题既可能真也可能假，因为是听说的，可能不确切。

在法庭辩论中，目的冲突双方为了击败对方而获得最有利于己方的审判结果，双方充分利用法庭规则和法庭语言，来表明自己是同意还是反对的态度，从而进行激烈的辩论，创造了最精彩的问答互动。

三、商务谈判中的同意、反对表达方式

商务谈判就是谈判者以语言互相交流思想，最后达到互相交换利益的过程。为此很多事情需要表态，事实上在整个过程中通常都是围绕着同意和反对在进行。恰当地表达"赞成"与"否决"可使一方在具有竞争性的谈判中转危为安。在谈判中，要运用具有灵活性的谈判语言，能够引起对方的注意力，符合具体的谈判情景，既要据理力争又要礼貌谦让，既要沉着坚定又要诚挚友好，谈判语言的运用会因谈判情景、谈判进程、谈判内容的变化而变化。有时为了掌握谈判的主动权和防止过早地暴露自己的目标和真实意图，缓解或避开对方的直接压力，可采用一些委婉、留有余地的弹性语言和内容模糊表达不明确的语言。有时为了要牵制住对方，可以使用一些劝诱性语言。有时为了给对方造成一些心理压力，加快谈判进程，可以使用一些威胁性语言（舒亭亭、余丽雯，2008）。在谈判沟通中，为了调节气氛、消除隔阂，也可以适当使用一些幽默的语言。因此，是否熟练地掌握谈判语言的灵活性，能否正确表达"赞成"和"反对"，对谈判的成败起着重要的作用。

（一）商务谈判中的同意表达方式

在商务谈判中，会遇到很多表示同意的时刻，因为一笔生意的成交意味着谈判双方达成共识，所以在商讨某些条款时有必要表示赞同。然而表示赞同也分不同的程度，因为在谈判中每次的赞成和妥协都有着不同的意味（袁小华，2001）。

（1）爽快同意。

在谈判中为了表示让步的诚意，在没有利益损伤的情况下，可以爽快地同意对方的提议。这类表达方式有两种形式：

①标准式。

这种形式暗示自己同意让步或尊重对方的意见，而且期待对方也有投桃报李的可能。这类表达方式是：

[34] 我没意见。

[35] 我完全赞成。

[36] 我决无异议。

②非正式。

非正式的表达方式具有口语化的特点，会使对方有种被认可的感觉，也会使接下来的谈判更轻松。这类表达方式有：

[37] 好极了!

[38] 听起来不错!

[39] 这些正好是我的想法!

[40] 关于这点我没有意见。

为了表示让步的诚意，在没有利益损害的情况下，可爽快同意对方的建议。例如，"我没有意见"等暗示自己同意让步或尊重对方的意见，而且希望对方也有所回报，如例 [40]，类似说法：我没有理由不同意。

（2）原则上完全赞同，但留有余地。

在谈判过程中会遇到一些棘手的问题，为了更好地解决这些分歧，双方都会提出一些建设性的意见。当对方提出的意见听上去可行，但却没有把握确知对方的真实意图时，就可以使用如下这些表达方式：

[41] 我们同意，除非……

[42] 我们原则上同意你，但是……

[43] 总的来说我同意你……

此类表达方式既向对方表明赞同的态度，但又给将来补救做了铺垫，为自己留有余地。类似的说法如：我原则上同意，但是我想在日后再加一些条款。

（3）部分赞同。

当对方的建议涉及多项条款，其中有些条款不利于自己时，应该把对方的建议和提案分成几部分，先将同意的一部分明确表达出来。可用"考虑到我们谈到的条款，我方同意A条款，但对B条款持保留意见。"此表达方式着重说明部分赞同的地方，有利于对方接受。例如：

［44］全盘考虑双方讨论的三条，我方同意第6条。至于第4、第9条，我方须进一步研究。类似说法：我能接受你们关于科技领域的条款，但是其他的我不同意。

（4）强调同意部分，淡化分歧。

先高姿态同意对方的方案，淡化那些无关紧要的异议，争取对方求大同，存小异，然后再做一些努力，让对方靠近自己的观点，可用"我方还是赞同贵方的……"此表达方式暗示对方，双方之间并不存在根本的利害冲突，只要贵方也做些让步，就能达成协议。例如：

［45］虽然我们之间还有一些问题未能解决，我方还是赞同贵方的提案。

［46］让我们试着去使用你们的便函作为讨论的基础，虽然我们有一些意见。

（5）以退为进。

双方争执不下时，不能一味地坚持己见，必要时应采取退让措施，以换取对方好感。"以退为进"是谈判中用自己较小的退步换取对方较大让步的方法。可用"我同意贵方关于……意见""不过按照这样做是否更可行一些？"此表达方式暗示愿意与对方共同解决问题，之后提出具体改进措施。例如：

［47］我承认贵方提案的价值。不过按照以下方法来具体操作是否更可行一些？

［48］让我们试着把你们的想法落实到双方满意的具体计划中。

［49］我们可以撤回索赔，但条件是你们10%的价格销售同等数量的货物给我们。

（6）诱使对方同意。

在谈判过程中，偶尔会使用一些劝诱性或威胁性的语言。如以对方同意作为同意的条件，可用"如果贵方同意……，我方会考虑同意……"此表达方式明确告诉对方会接受他们的方案，作为交换，对方应采纳我方提出的建议。例如：

［50］我方会考虑接受贵方的X和Y项。作为一揽子交易，贵方应接受我方P和Q项。

[51] 如果你们接受我方条件，我方接受贵方的提议。

（7）使用防御线。

谈判中，若对方逼迫自己表态，若同意对方的观点，显然与前面提及的事情有所矛盾，如果立即反对，对方会失去继续谈判的兴趣。为了防止自己因说话矛盾而使对方有机可乘，常用"我不太确定"来表达。例如：

[52] 我不太确定，不过这个产品在市场上很走俏。

[53] 可能我是错的，但是事实上这个产品在市场上是有前景的吗？

[54] 可能我不对，但是你也知道我们产品的质量在亚洲市场上很受青睐。

（二）商务谈判中的反对表达方式

在整个商务谈判中，如何运用语言获得既得利益是一种艺术手段。语言运用得当，可缓解双方谈判时的压力，掌握主动权，调节谈判气氛；运用不当，则使谈判陷入僵局，交际难以进行。有时对方提出的观点与自己相反或相差太远，这就需要拒绝、否定。拒绝也需要掌握尺度，若死板生硬地拒绝，武断甚至粗鲁，会伤害对方感情，使谈判出现僵局，导致交际失败。高明的拒绝应该有理有节地进行，审时度势，随机应变，让双方有回旋的余地，达到成交的目的。下面介绍几种商务谈判时常用的反对表达方式。

1. 常用表示反对的句式

（1）强烈式。

[55] 那行不通！

[56] 我真的不能接受！

[57] 那不可能！

（2）标准式。

[58] 恐怕我不能接受。

[59] 如果可以的话我很乐意。

[60] 我明白你为什么想要这样做，但是我不打算改变计划。

2. 委婉表达反对的句式

在商务谈判中有些话不能直接说出来，委婉含蓄的表达方式便是最好的表现手段。这种方式能有效地缓和紧张的谈判气氛，打破僵局，摆脱窘迫、尴尬的局面，有效地避免矛盾冲突。委婉表达对谈判双方来说都是一种有效的谈判手段和策略，也是商界竞争获取成功的重要途径。例如"你所说的大部分我都同意"，言外之意是"还有一些你所说的事情我不能同意"这是一种委婉反对的表达策略。

3. 各让一步

在谈判进行中，如果有意修改对方的提案，可技巧地使用"我们建议一项（折衷）……"这种表达方式。此句式不但能起到降低谈判现场火药味的作用，还可借用新的建议来试探对方，有利于双方进一步的磋商。例如：

［61］我们建议双方各让一步——九折。

［62］我们提议八折。

4. 超出限度

如果对方杀价太狠，己方也不愿意让步，可用"超出我的谈判限度"这个表达方式。此句式明确告诉对方，其提案已经超出自己底线或权限，若再强求，可能造成谈判破裂。这种表达，语气坚定而不失礼貌。

［63］10%超出了我的谈判限度。

［64］10美元是我能成交的底线。

5. 上级指示

在谈判中，为了留有余地，使自己不成为对方攻击的目标，可用"我奉上级之命……"表达方式。把上司抬出来，划出谈判界限，请对方谅解自己的难处。

例：奉上级指示，我得否决你提出的折扣，但我们还是可以尽量找出其他可行的办法，下例也是此句式：

［65］这个意见我不得不和我们的老板商量。

6. 避免当面指责

如果对方不善，过分损伤我方利益，可用"我觉得似乎我方让步太大"这类话语来回击。这类语言既能表达出自己的不满，又能暗示对方一味地追求自己最大化的利益而牺牲生意伙伴，实在有失公道。例如：

［66］我觉得这笔生意我们似乎让步太大了。

［67］在这笔生意中我们似乎没有什么优势。

7. 缓解冲突

当发现对方的要求超出了我方所能承受的范围，可用"超出了我方接受的范围"这一表达方式，拒绝对方所开的条件。例如：

［68］你们超出了我们接受的范围，我方无能为力。

［69］你没有给我们开具任何有吸引力的条件。

8. 给对方主动权

谈判步入僵局，对方显露出强烈的不满时，可用"如何才能使贵方对……有兴趣？"这类句式既顾及对方利益的诚意，又表示我方的豁达，暗示我方已注意到对方的态度。如果对方开出条件，我方会重新考虑，但这并不表示我方完全退让。例如：

［70］那要如何才能使你们对这笔生意还有兴趣呢？

［71］那要如何做才能使你们回到谈判桌上？

9. 逼对方说"不"

当谈判不利我方时可使用反问句式"你不想做……，是吗？"这种表达方式。这句话就是用他人之矛，攻他人之盾的技巧，逼对方退步，避免我方说"不"而陷入被动。例如：

［72］你不愿为争夺势力范围而交战，对吗？

［73］你不想放弃和我们合作的机会，是吗？

10. 客气而果断

谈判进入关键时刻，对方仍然对最佳方案不表态，而我方又没有更多的时间周旋时，可用"恐怕这是唯一（最好）的方式"这类表达方式。这种表达方式听起来很客气，但却暗示对方，这是唯一（最好）的选择，如果方案被拒绝，我方可能果断放弃。例如：

［74］我们将尽一切努力在七月底之前把货发出去，我们只能做到这一步了。

［75］恐怕这是唯一可供改变的选择。

11. 拐弯抹角

为了不影响双方的情绪沟通，可用"我们也想同意，不过……"的表达方式。此类句式是暗示对方，如果有意修改方案，双方可再磋商。例如：

［76］我们很想同意，但是你们以半年来评价我们的销售，似乎太早了。

［77］如果你们把余下部分的价格降低 0.6%，我们愿意改变这个条款。

12. 严肃否定

在双方利益有所冲突，无论怎样暗示，对方也不肯让步时，可用"会造成利益冲突……"的表达方式。此表达口气严肃，暗示对方将有诉诸法律的可能。但同时可用"会"来软化口气，不具威胁和指责的意味。例如：

［78］这将会引起利益冲突的争端，侵害双方之间的友好感情。

［79］那将会引起我们双方利益的冲突。

13. 拒绝劣势

当对方居高自傲，对我方产品有歧视之嫌时，我方不想在表面上得罪对方，可用"让我们以另一种方式来看……"的表达方式。此表达方式暗示对方"重质不重量"才是应有的态度，避免了"你是错误的，我不同意你们的……"的反驳字眼。还可用"我们不想处于劣势"表达方式，由于强调的是"我们"，没有直接指控对方有盛气凌人的意味，同时又向对方清楚地表达了我方反对的立场。例如：

［80］让我们从另一个角度看这个问题。

［81］如果您坐在我的位置上，你会有同样感受。

［82］我们不打算让自己被对方掌控。

14. 强硬反对

当对方出尔反尔、变幻无常、严重危害我方利益时，就直截了当地提出强硬反对，可用以下句型。"贵方昨天（那天）提出……，现在又提出……，我方不能接受。"此类表达方式提醒对方要说话算话，出尔反尔会失去信任，例如：

［83］贵方昨天提议母公司不应该收取合资公司的滞留费用，现在贵方又提出不同的规定，我方不能接受与原报价相悖的提议。

[84] 你昨天所说和今天的话相矛盾。我很抱歉地说,依据贵公司的提议,我方无法接受。

15. 尊重对方

在谈判中,双方都需要互相尊重,给对方留面子就是保全了自己的面子。可用"我们不是已经同意了……?你肯定是忘了吧"表达方式。此表达方式一方面提醒对方应遵守双方达成的协议,否决对方现在的提案;另一方面给对方台阶下。例如:

[85] 如果我错了请纠正,不过我们双方已经同意合资企业不购买下属企业的材料,贵方一定是忘记了吧?

[86] 难道你们没有建议我们减少关于合资的费用?贵方一定是忘了吧?

16. 大惊小怪地拒绝

谈判的过程其实也是心理战的过程,双方都极力想知道对方的心理底限。在谈过程中若能巧妙地运用某些话语标记语,以此来暗示对方的要价与你的期望价格相去甚远,可能会大大降低对方的要价。

[87] 15美分!你一定是开玩笑!为什么?那竟然低于出厂价!

[88] 为什么?你的价格飞速上涨!比去年竟然高出了20%。

以上两例标记语"为什么"的使用向对方表明他的要价已经大大超出了承受的范围,在心理上迫使对方作较大的让步。此处的话语标记语"为什么"是话语明示标记,说话者通过赋予"为什么"惊诧的语气,创造出一种语境效果,并把这种语境效果显映给听话人,让他明白他的要价与对方的心理价位相去甚远,从而迫使他做出较大让步(缪素琴,2005)。

总之,商务谈判的内容涉及了谈判双方的利益,谈判的结果对双方的业务发展可能产生较大的影响。为此,在谈判中应尽可能掌握好积极作用的语用策略,巧妙地运用谈判表达方式来进行同意或否决。谈判中局势总是在不断变化,谈判者也应该根据形势的变化,不断地对谈判的策略所用表达方式做出相应的调整,以此达到最终想要的效果。

四、日常交际中的同意、反对表达方式

口语交际不像书面语那样严谨完善,具有很大的随意性。说话双方身临其境,互相交流,除了言语之外,还可借助动作、表情、语调等,有时按照语言的经济原则,甚至无须讲完,很多词语不必重复,对方就心领神会,口语中省略句较明显地体现了口语交际这一特点。

(一)日常口语交际的特点

口语交际行为是人们直接交流的一种社会行为。在现场交际中,人们利用语言询问信息、提出要求、谈论事情等,对各种不同的言语行为和社会行为做出言语反应。这种功能上的特点不仅要求说话者在交谈过程中根据交际目的的需要,作一些句法结构上的调整,以便有效地传达信息,同时也遵守会话原则,这样才能在一定的语言环境中取得成功的交流(马忠香、欧阳俊林,2004)。在一些非正式自发的日常谈话中,人们往往注重的是信息的传播,而非语法上的严谨合理。因此,在日常口语中,句法结构比书面语要灵活得多,最明显地表现在省略现象上。虽然理论上说句子结构往往受概念意义和句法原则的制约,但是也受语境因素的调节,其中最重要的语境因素就是现场交际环境下的交际意图、交际背景。因此,日常口语交际话语多数属语境句,充分体现了口语随意性的特点。说话人在语境背景下,以最小的语言形式传达最大的语言信息,人们说话所述求的不是表达无误,而是力求简洁明晰,这种简洁发生在一定的语境中,以双方推理的连贯性为前提。

(二)日常交际中同意、反对表达方式的分类

日常口语交际(会话)既不同于正式的书面形式,也不同于一些正式的口头交际。它带有很大的随意性,在同意、反对表达方式上也有很多类型,是同意、反对表达方式使用最全面、最丰富的交际场合。既有显性的同意、反对表达方式,如直接对一件事情表示自己的态度"同意还是反对";也有隐性的同意、反对表达方式,如在口语交际中会采用语义、语用的同意、反对表达方式。

走在城市的际线：
汉语国际教育中同意与反对的表达手段

1. 日常交际中显性的同意、反对表达方式

在日常交际中，对一件事情表明态度的同意、反对表达方式很多，一般情况下，熟人之间如两个好朋友之间；或者是具有绝对强势关系的人之间，如老师和学生之间、父母和幼童之间，一般会采取显性的态度，直接来表示自己同意还是反对。例如：

[89] 学生：老师，今天交作业吗？

　　老师：不交。

[90] 甲：我穿这件衣服好看吗？

　　乙：挺好看的。

[91] 儿子：爸爸，我还想再吃一个雪糕。

　　爸爸：不行，今天就只能吃这些了。

2. 日常交际中隐性的同意、反对表达方式

尽管日常交际中人们的话语带有随意性，但是在汉语的大背景下，隐性的语用类同意、反对表达方式有很多，例如，合作原则、礼貌原则、言语行为理论、会话含义等都会在日常交际中出现，这在以前的章节中有所陈述，本部分不详细论述，只介绍日常交际中最常出现的三种：礼貌原则、省略和答非所问。

（1）日常交际中同意、反对表达方式在礼貌原则中的运用。

每一个国度因不同的语言和文化而具有其独特的礼貌方式，中国有五千年的文明历史，讲文明、懂礼貌是中华民族的优良传统。中国的礼貌方式有其明显的特征，如尊重、谦逊、态度热情和文雅等，汉语文化的礼貌准则如下（胡安琳，2002）。

①贬己重人准则。

[92] 甲：老李，您的大作又问世了，真了不起啊！

　　乙：哪里哪里，区区拙文，不足挂齿，哪里能比得上您老兄的锦绣文章呢！

对己方要尽量贬低，对他方要尽量尊敬，"要自卑而尊"。

②称呼准则。

[93] 甲：老张早，去哪儿？

乙：噢，小王早，去买菜。

[94] 甲：李处长，能否麻烦您给办一下？

乙：小陈，不是我不给你办，实在是难办啊！

[95] 甲：李老板，以后在生意上还承蒙您多多关照！

乙：张老板，哪里哪里，大家发财，大家发财！

称呼别人时要遵守"上下，贵贱，长幼"有别的传统，称呼准则体现人际关系，人际关系的改变称呼也随之改变。

③文雅准则。

[96] 甲：对不起，我走了。

乙：没什么，走吧！

[97] 甲：听说家父仙逝，本人深表悲痛。

乙：谢谢。

出言高雅，文质彬彬，多说雅言，忌用秽语，多委婉，少直言。如例[96]中若乙要用"快滚"就属于出言不逊。

④求同准则。

[98] 甲：李平，能否请你说大声点？

乙：好的好的。

[99] 甲：能否请您赏光来参加这个聚会？

乙：那就恭敬不如从命。

尽量求得一致，增加对方正面子；尽量避免分歧，减少对方负面子。

⑤德、言、行准则。

在行为动机上，尽量减少他人付出的代价，尽量增大他人的益处；在言辞上，尽量夸大他人给自己的好处，尽量缩小自己付出的代价。例如：

[100] 甲：这次您真的帮了大忙了，真的太感谢你了！

乙：区区小事，何足挂齿。

在以上这些准则中，最富有中国特色的礼貌准则是贬己尊人。汉民族重视自我谦虚和尊敬他人，一件事自己做得再好，也会谦虚地说做得不怎么样，每当听到别人赞美自己时，总是首先自我谦虚一番，以示礼貌。由于不同文化价值的差异，汉民族人认为谦虚是种美德，如果过于自信，就是狂妄自大，不懂礼貌。

（2）省略中的同意、反对表达方式。

在日常交际中，由于日常口语多属语境句，一般采用经济原则，会出现一些省略句。有些省略句的上下文字面意义关联较强，省略成分容易补出，基本上字面意义就是其传达的真正信息，易于理解。而那些在上下文字面上关联隐晦包含言外之意的省略句，需要根据语境，从合作原则和会话含义的角度出发，经过推理去分析和理解，才能了解这些省略句的交际意图（会话含义）。本书所引用的例子都来自我们对日常对话的观察和记录，属简短而常用的话语。

[101] 母亲：七点了，该起床了。

儿子：星期天嘛。

[102] 母亲：快起床，五点了。

女儿：这么早？！

母亲：星期天！

[103] 孩子：妈妈，我今天在客人面前表现不错吧？

妈妈：小学生了嘛。

[104] 孩子：妈妈，帮我提书包！

妈妈：小学生了。

例[101]中儿子的回答似乎与妈妈的话并不关联，违反了合作原则的关系准则。但根据一般常识星期天往往是休息的日子，小学生不用上学，可以在星期天睡懒觉，因此省略句"星期天嘛"的会话含义应该是：今天是星期天，我不用上学，可以多睡一会儿，我不想起床。例[102]中从违反合作原则的角度，联系双方共有语境背景知识对"星期天"这句话语的会话含义所作出的理解，母亲简洁的回答可能提醒女儿今天是星期天，你必须早起。她们也许每到星期天都有一件重要的事情要起早去做，如要赶车到另一城市某学校学乐器，或学习其他额外的课程，她们必须五点钟就得起床，否则就要迟到。例[103]

中孩子所问也许是想得到母亲的直接认可或赞赏，母亲认为小学生在客人面前表现好也是理所应当的，以省略句的方式，间接地表达了她对孩子行为的赞赏和鼓励等丰富的内涵。例［104］中妈妈的回答蕴涵的含义是提醒小学生自己能做的事应该自己做，母亲没有直接拒绝，只是诱导孩子作为小学生应该意识到要求家长帮其背书包是不应该的。因此，妈妈的回答"小学生了"的会话含义不仅是拒绝，而含有提醒、鼓励和诱导等。同样的例子如下：

［105］学生：今天我的作业还没做好。

老师：你就拖着吧！

［106］甲：小明今天又被老师留下了。

乙：哎！没治了。

［107］甲：小张又熬了一夜。

乙：神经病！

［108］孩子：刚才这个冰激凌可真好吃。

妈妈：小鬼头！

上述含省略句的对话都违反了合作原则下的关系准则，这类简短省略句经常出现在日常口语中，不仅传达字面意义而且在一定交际语境中暗含字面外的会话含义，用简洁表达形式实现较大的交际目的，体现日常说话所追求的不是表达周密，而是力求简洁。这种口语省略句违反合作原则下的关系准则，可从合作原则理论角度结合共有语境知识进行推理，从而理解其会话含义和交际目的。

（3）答非所问。

有问有答是日常口语交际的一种常态。然而，从日常话语观察，人们对问话常采取问东言西、顾左右而言他、答非所问的回应策略。在交际活动中，对以获取明确信息为目的的问话，常常选择答非所问的回应方式。最突出的特点即回应内容看似离题，实则与话题有一定的相关性。所谓"回应"是回答，是反应，是话语分析中最小的单位，它是话语中重要的组成部分，承载大量信息，在很大程度上制约着会话的顺利进行（范宏雅，2001）。答非所问的策略选择常常表现为说话者回避话题，给出似与谈话无关的答案，实则在构建与发问有一定相关性的隐性前提。所谓隐性前提，是交际中潜藏着的语言或非语言环境，包括先前话语所产生的语境暗含以及某些相关知识等主客观因素，因而在认知上具有很强的主观性（祝吉芳、元国江，2006）。例如：

[109] 妻子：电话！

丈夫：我在浴室里。

妻子的意思是问丈夫你在哪里，来电话了，你去接电话。丈夫的回答虽然表面上看来所答非所问，但是他的言外之意是：我在洗澡，无法接听电话，让对方等一会再打来或者你去接吧！

（三）汉语中某些流行口语类的同意、反对表达方式

1. 高帽类

（1）大腕儿。

[110] 甲：老张，你先入席吧！

乙：哎呀，那哪成啊！您是大腕儿当然是您先请！

[111] 甲：老张呀，你这个电影，想请谁来主演呢？

乙：还是请你这个大腕儿吧，要不然上座率高不了。

（2）了不起。

[112] 甲：你知道老王帮助穷孩子上学的事吗？

乙：听说了，真了不起！

[113] 甲：小张开了一辆奔驰，特了不起的样子。

乙：有什么了不起，那车是他女朋友的！

（3）没您不成。

[114] 甲：我晚上有个应酬，我得走了。

乙：怎么着老刘？你没见这"三缺一"吗？没您不成！

[115] 甲：老刘呀，明儿的新闻发布会我就不参加了，你主持吧！

乙：那哪行啊！第一把手不在还有什么信任度啊，没您不成！

（4）你比我强多了。

[116] 甲：老李呀你气色不错呀！

　　　　乙：哪里话？你比我强多了！

　［117］甲：老李呀，听说院领导对你的工作评价挺高的！

　　　　乙：可别这么说！您做的那个大项目部里特满意，中央领导同志还过问呢！您比我强多了！

2. 贬低类

（1）差得太远了。

　［118］甲：兄弟呀，你看看现在的大学生，又会英语，又会电脑，又会开车……什么都会！

　　　　乙：是啊，咱们差得太远了！只能等着下岗。

　［119］甲：兄弟呀，你看看人家发达国家，"硬件"好，"软件"更好！

　　　　乙：啊，咱们差得太远了！玩命追吧！

（2）扯淡。

　［120］甲：小张，你怎么一天到晚净扯淡！

　　　　乙：谁扯淡了？我干的都是正经事。

　［121］甲：小张呀，回来这么晚哪？

　　　　乙：是啊，最近就扯淡来着。

（3）别把我当人。

　［122］甲：老李，你可是贵宾！

　　　　乙：干嘛？别把我当人。

（4）跌份。

　［123］甲：哎，听说老赵昨天在讲台上摔了一跤！

　　　　乙：哎，不服老不是？真跌份！

　［124］甲：哎，听说小红考英语四级"烤糊"了！

　　　　乙：是吗？本来她想长一分，没想反倒跌了一分。

3. 嘲讽类

（1）还知道姓什么吗？

　［125］甲：哎，我儿子考上耶鲁大学了！

　　　　乙：哼，还知道姓什么吗？准备学费吧！

[126]甲：告诉你，我评上副教授啦！

乙：嘿，还知道姓什么吗？你的同学早都是正教授了！

（2）话不能这么说。

[127]甲：哎，孙局长多好啊，又有钱，又厉害！

乙：小张呀，话不能这么说，你知道他的钱是从哪儿来的！

[128]甲：咱们老板今天这么说，明天那么说，一点儿准儿也没有！

乙：话不能这么说，情况是在不断变化的嘛。

（3）理他（她）呢！

[129]甲：老刘呀，是你把小美气哭的，你去哄哄吧！

乙：理她呢，过一会儿她自己就好了，你越劝她越来劲！

[130]甲：哎，你女朋友闹了好几天了，你去哄哄吧！

乙：理她呢，让她再闹几天吧，闹累了，她自己就不闹了。

（4）了不起呀？

[131]甲：昨天我和美国朋友吃饭来着。

乙：和美国人吃饭了不起呀？

[132]甲：我已经出了好几本书了。

乙：出几本书了不起呀？

4. 面子类

（1）就这么定了！

[133]甲：老李啊，要不要再研究研究？

乙：算了，就这么定了！

[134]甲：您看，会开了10天，这件事还是定不下来！

乙：谁说的？就这么定了！

（2）我早知道了！

[135]甲：哎，香港那个大歌星离婚了！

乙：咳，什么时候的事了？我早知道了！

[136]甲：我说，银行存款又降息了！

乙：你这是"旧闻"啊！我早知道了。

（3）谁怕谁呀？

［137］甲：听说拳击冠军要找你玩玩！

乙：来吧！谁怕谁呀！

［138］甲：明天参加比赛的可能都是金牌运动员！

乙：好啊，谁怕谁呀！

（4）有的是。

［139］甲：你说请我去"上岛咖啡"吃牛排，你的钱够吗？

乙：钱？有的是！

［140］甲：您说帮我学英语您有时间吗？

乙：别的没有，时间有的是。

5. 推卸类

（1）我这不是来了吗？

［141］甲：打麻将就怕"三缺一"，这老李可真急死人！

乙：说谁呢？我这不是来了吗！

［142］甲：啊，该来的差不多都来了，咦！老李怎么还没来？

乙：（老李喘着粗气跑进来坐下）我这不是来了吗！

（2）下不去手。

［143］甲：我们的儿子太不听话了，你教训他一次吧！

乙：我早就想揍他，就是下不去手。

［144］甲：你吃鸡吗？要吃就帮我杀了它。

乙：哎，那我可下不去手！

（3）先这样。

［145］甲：领导，股票的行情变化不大，您看……？

乙：先这样。

［146］甲：关于小张的去留，背景比较复杂，您看……：

乙：先这样吧。

（4）再说吧。

［147］甲：王老师，我什么时候去找您？

　　　　乙：再说吧。

［148］甲：这笔买卖你还做不做？

　　　　乙：再说吧。

6. 弯子类

（1）你也来了。

［149］甲：小赵！我都等半天了，快坐下。咦！老王，你也来了！

　　　　乙：噢，不是，我是在饭店门口碰上小赵的，顺便进来瞧一眼就走。

［150］甲：今天的会很重要，都是各部门的第一把手。咦！老王，你也来了？

　　　　乙：噢，我不是开会，我来找我们头儿签个字就走。

（2）你怎么又来了。

［151］甲：小张，我呼你好几次，你怎么不理呀？

　　　　乙：嗨！我当是谁呢！原来是老李，你怎么又来了？

［152］甲：领导，我来看看我的出国报告批了没有？

　　　　乙：还没研究呢。

　　　　甲：这家伙怎么又来了！这两天来了八趟了！

（3）你怎么知道的。

［153］甲：哎，院长和书记昨天吵架了。

　　　　乙：你又不在场，你怎么知道的？

［154］甲：快买点猪肉吧！又要涨价啦！

　　　　乙：你怎么知道的，别瞎说！

7. 责怪类

（1）让您见笑了。

［155］甲：小赵啊，您这文章里语法错误不少啊！

　　　　乙：是，是，让您见笑了，我的语法真的不灵。

［156］甲：小赵啊，你昨天给我家送那些礼物干嘛？

　　　　乙：哎呀，什么礼物，都是老家的土产，让您见笑了。

（2）是人就会。

［157］甲：小张呀，管灯坏了，你会修吗？

乙：不就是修灯吗，是人就会。

［158］甲：小张呀，你刚才说是人就会，可这灯还是没亮啊！

　　　乙：话不能这么说，这是零件坏了嘛。

（3）我告诉你。

［159］甲：我错在哪，下一步怎么办？

　　　乙：我告诉你，再这样下去就完了。

［160］甲：警察先生，我真的什么也不知道，

　　　乙：我告诉你，如果你骗我，那你就麻烦了。

8. 攀谈类

（1）混得怎么样？

［161］甲：最近混得怎么样？

　　　乙：有点儿混不下去了。

［162］甲：最近混得怎么样？

　　　乙：还算混得下去。

（2）好说好说。

［163］甲：老张呀，我女儿刚进你们公司，今后请多关照！

　　　乙：好说好说。

［164］甲：小刘啊，明天有个实习生去你那儿，你带带她。

　　　乙：好说好说。

9. 评价类

（1）八成是不行了。

［165］甲：老赵，刚进去的那位病人怎么样了？

　　　乙：八成是不行了。

［166］甲：小刘的婚事拖了这么久，什么时候结婚？

　　　乙：啧，八成是不行了。

（2）差不多。

［167］甲：你看，这样做可以吗？

　　　乙：差不多。

[168] 甲：他们俩谁高？

乙：差不多。

（3）酷毙了。

[169] 甲：你瞧见那歌手没有？真是难看死了！

乙：嘿，人家那叫"酷毙了"！

[170] 甲：哎！今天有3个红头发的老外来找小李。

乙：哇噻！我说她不一般吧，真是酷毙了！

（4）没劲。

[171] 甲：你的女朋友可爱吗？

乙：除了生闲气，她什么都不会！没劲。

[172] 甲：昨天晚上的电影怎么样？有意思吗？

乙：没劲透了。

第三节　小结

　　本章主要论述了同意、反对表达方式所使用的场合。把同意、反对表达方式放在口语、书面语两类场合来进行论述。书面语场合的同意、反对表达方式包括各类合同、协议书、契约、会议文件、申请书、公益广告、标语等。用在口语场合的同意、反对表达方式主要包括课堂上、法庭上、商务谈判、日常交际上和流行口语中。课堂上的同意、反对表达方式主要通过赞扬和批评来论述；法庭上的同意、反对表达方式分成隐性、显性两种；商务谈判主要是赞同、否决两种形式；日常交际分成日常交际和汉语流行口语类。口语、书面语中的同意、反对表达方式各有特点。书面语中的同意、反对表达方式用法比较单一，而口语交际中的同意反对表达方式形式多样，语用策略灵活。另外，还有一些同意、反对表达方式用在如婚礼上、社交礼仪上、辩论赛上等，也都有各自的特点，但限于篇幅，不能一一赘述。

第五章

同意、反对表达方式与汉语教学

第一节 留学生在学习同意、反对表达方式时所遇到的问题

"汉语国际教育和国内的汉语国际教育及国内的对外汉语教学"是指针对外国人的汉语教学,是第二语言的教学,也可理解为作为第二语言教学和研究的汉语教学。现今汉语在全球范围内推广,如何行之有效地开展汉语国际教育和国内的汉语国际教育及国内的对外汉语教学,增强外国学生学会运用汉语的能力,需要语言学家、教育工作者共同努力。外国留学生在学习显性的同意、反对表达方式时不会遇到什么大的障碍,问题主要集中语义类、语用类、非言语交际类同意、反对表达方式上。

一、在语义上所遇到的问题

由于汉语口语具有高度简洁和灵活多变的特点,因此留学生一经接触到地道的汉语口语,就明显感到中国人说的话和自己在课堂上学的不一样,应该听懂的也听不出所以然来。据调查,交际活动中留学生所遇到的困难之一,就是那些游离于句中看似简单的词、短语或句子,这些常被笼统地称之为习惯用语或口语常用语的语言现象,在交际时所起的作用是很难用一两句话交代清楚的(陈作宏,2003)。例如,一个留学生选了一家饭馆请小李吃饭,饭后问小李:"你觉得这儿的菜怎么样?"当小李回答:"你还别说,做得挺不错的"时,他能理解的只有"菜做得不错"这个简单的意思,至于这句话为什么要用"你还

走在城市的际线：
汉语国际教育中同意与反对的表达手段

别说",则使他大伤脑筋,回去后查词典、查语法书,结果还是不得而知。如果没有人向他解释,或许他永远也不知道当时小李想告诉他,由于某种原因吃饭前曾经对那个饭馆做菜的水平表示过怀疑。再如,一个留学生问老师:"现在我的发音怎么样?"当老师回答:"不管怎么样,你有了很大的进步"时,学生大多只听明白了自己有了很大的进步,而老师觉得他目前的发音到底怎么样,他可能还是没弄清楚。可见,句子加上了"你还别说""不管怎么样"之后,比原句所表达的意思复杂了许多。句子中这些能使句子具有某种特殊意义,能使表达更准确、更完整的部分,有不少都是在现代汉语语法中通常被称为独立成分的插语。既然句子有没有插语所表达的意思并不一样,而且在我们的日常口语中表达各种意义的插语使用又较为广泛,插语无疑会成为第二语言学习者的一大难点。汉语国际教育和国内的汉语国际教育及国内的对外汉语教学的任务就是要提高学习者的语言交际能力,使他们能够用汉语成功顺利地进行交际。

留学生对学习显性的语义类（即表面上有"同意""反对"字样的词语）的同意、反对表达方式并没有多大困难,主要是对那些表面和语义上同意、反对不一致的时候会感到茫然和无所适从。尤其是一些特殊的同意、反对表达方式,更是分不清说话者或者听话人,到底表达的是同意的语义还是反对的语义。外国留学生看见中国的父母和孩子的对话很疑惑：

［1］母亲：今天考了多少分？

儿子：没及格。

母亲：（很生气）看我不揍你一顿！

留学生很惊诧,可是看来好像母亲没有打孩子的意思。

同时,有一些同意、反对表达方式意思相同,更使留学生摸不着头脑,如"差一点（没）,好（不）……,就/只差（没）,……（之/以）前,"等。例如,差一点忘了=差一点没忘了（没忘）；好不容易（找到了）=好容易（找到了）；就差往脸上吐唾沫了=就差没往脸上吐唾沫了（没吐）；上课以前=没上课以前（没上课）。

二、在语用上所遇到的问题

语用里同意、反对表达方式的使用,更是很多留学生学习的一大难题。在汉语国际教育和国内的汉语国际教育及国内的对外汉语教学中,我们常常会发现,即使学生非常认真地查了字典,对每一个字的含义都理解了,他们还会对会话交际,对文章不甚理解,甚至是误解。因为留学生在词典中可以找到的是语言的词汇意义和语法意义。但是,在实际交际过程中,语言除了有词汇意义和语法意义以外,也会产生语用学上的会话隐含意义(吕俞辉,1999)。例如:

[2]甲:我们叫小张一起去喝酒吧。

乙:小张是个气管炎(妻管严),别叫他了。

留学生一听得了气管炎,立刻说让他好好休息并表示关心。小张显然不是患了一种病,这违反了质的准则。但是"气管炎"和"妻管严"音近,所以中国人常用气管炎来指怕老婆的人。通过谐音,我们得出了会话隐含意义是:小张是怕老婆的人。谐音的理解与运用是在对该语言系统熟悉的前提下产生的,所以会话隐含意义对留学生来说,是很容易引起误解和不解的,在教学中我们应该给予特别的关注。

三、文化上所遇到的问题

一位来自美国的女士,对刚认识的中国女孩说:"你的衣服真漂亮呀!"女孩没有说:"谢谢",而是谦逊地说:"哦,不,这是件普通衣服"。这种回答在美国人看来,对方没有接受自己的好意,反而有责备自己大惊小怪缺乏鉴赏能力之意,讨了个没趣儿。从以上问候寒暄语中,我们不难看出,自信外向性格的美国人和矜持内向性格的中国人在语言表达上的不同和跨文化理解的差异。

留学生在上课和日常交际中,经常会看到很多惯用语。惯用语在人们的日常生活交际中使用频率很高,用来形象地表达思想,传递感情,阐释观念。留学生在同中国人的交往中,会经常听到"不管三七二十一""吃一堑,长一智""吃鸭蛋""走后门"等惯用语;在看报、看影视剧时也经常遇到"二百五""敲竹杠""变色龙""捅马蜂窝""倒胃口"等惯用语。他们对这些惯用语的字面意义能理解,可是隐含意义就不明白,更不知道在什么语境中使用,这使他们感到无所适从。这些惯用语,只有真正地了有关的民俗文化,才能真正理解。

四、非言语交际中所遇到的问题

外国留学生在非言语交际上,因为不懂中国的非言语交际所表示的意义,经常会遇到难解的问题。非言语行为在交际时没有特定的结构,所以很少有确定的符号。在一种民族文化中表示同意的意义,而在另一种民族文化中可能会表示反对的意义。人们通常根据自己的思维方式去推测和解释别人的话语和行动,在跨文化交流中,难免会产生误解,甚至难以沟通(姚芳,2006:113-114)。例如,表示不知道、为难、不赞成或无可奈何等含义时,中国人习惯摇头或摆手,英语国家和许多西方人则喜欢耸肩;填写表格或选票时,中国人以打勾或画圆圈表示肯定或赞同,打叉则表示否定或不同意,而英语国家则以打叉表示肯定和赞同;翘大拇指在中国表示高度赞扬,在美国和加拿大表示赞成和满意,大拇指向下则表示反对和不满。如世界上大多数人都以点头表示"赞许"或"同意",摇头表示"否定"或"不同意",但是尼泊尔人、斯里兰卡人和有些印第安人和爱斯基摩人都用点头表示反对。保加利亚、锡兰以及希腊、南斯拉夫、土耳其、伊朗、孟加拉国等国家的某些地方,摇头表示同意。又如中国人常用沉默表示认可,而美国人则把沉默看作拒绝;在中国和英国文化中,站立时用一脚跺地,表示"强调""厌烦""愤怒",汉语成语"捶胸顿足"就是真实的写照,法国人却用跺脚表示叫好或叫绝。一般情况下,"笑"被看作高兴,而中国人和日本人有时会用"笑"表示内心的痛苦和无奈,这是西方人无法理解的。有关的例子不胜枚举,若没有敏锐的跨文化交流意识,便会感到困惑,乃至产生误解。

第二节 留学生学习同意、反对表达方式时出现问题的原因

留学生在学习汉语中的同意、反对表达方式时,会在语义、语用、文化、非言语交际等方面遇到很多困惑和难题,为什么在学习中会遇到诸如此类的困

难,下面分析一下出现各类问题的原因。

一、中西方思维差异

思维方式是民族文化的重要内容之一,语言的表达习惯与思维方式是密切不可分的,要学好一种语言,必须充分认识讲该种语言的民族的思维方式,把本族的思维方式与之作对比分析。传统的中国哲学认为天人合一,自然界和人是和谐的统一体,这种哲学思想使人们形成了整体性思维方式。而西方哲学强调人的个体意识,人依附于自然却独立于自然,人要向自然索取,因而西方人形成了以自我为中心的个体思维方式。这两种不同的思维方式在语言上体现为:汉语属意合语言,在表达上倾向于从整体到个体,注重主客体融合;英语属形合语言,在表达上倾向于从个体到整体,突出主观作用,以主体为中心(苏慰凰,2002)。东西方人由于文化背景、生活风俗及生活习惯的不同,形成了不同的思维方式,即东方人的主体意识、整体性意识及悟性思维与西方人的客体意识、个体性意识及理性思维方式的差异,从而影响了留学生在同意、反对表达方式的学习。由于东西方文化、历史、地理及生活习惯等方面的不同,思维方式存在着明显的差异,这种差异体现在如下方面。

(一)重群体与重个体的差异

自古以来,中国的人文精神一贯主张群体文化,突出社会的人格,把个体看作是群体的分子,倡导集体观念,反对个人主义。中国人说话、写文章一般比较含蓄,往往是从很远的相关外围问题入手,先做充分的铺垫,之后才进入主题,这样才觉得谦虚、儒雅,留有余地。在西方人看来,人是世界万物的主宰,生来就要认识和统治自然,个人价值体现于可独立于群体的自我,被置于整体之上。所以西方和中国对恭维和赞许反应结果就大不相同。在夸奖中国人时,绝大部分都会先表示谦虚然后才能委婉地接受。中国人有一大套词汇,如"寒舍""薄酒""拙作""犬子""敝人""贱内"等。西方人对别人的赞赏从来不过分谦虚,回答一般礼貌接受并表示谢意,表现出一种强烈的自信。因此,我们就不难理解,当一个外国专家赞扬一个中国翻译:"你的英语非常好",如果这位翻译自谦地说:"不,不,我的英语很糟糕"时,这位专家的感觉十分失望:难道我的判断能力有问题吗?在中国表示赞扬或感谢之后,又要表示自谦,说一番自贬的话。这种情况西方人称之为"自贬的传统",这是与几千年来中国人的儒家传统文化有关。而英美人受到称赞后却常常说声"谢谢",这是他们尊重个人价值、崇尚个人发展的体现。

(二)东方委婉,西方直接

西方人是一种线型思维,这种思维方式对日常的交际影响至深。讲话人组织思想的方式是为了明白直接地把自己的意思传达给对方,犹如一座桥,因此有人把这种模式比作"桥式"思维。听者和读者只要顺着他的思路的桥,自然就会明白他的意思。而中国思维方式可以喻为"垫脚石式"——讲话人在表达自己的意思时,不是直截了当,而喜欢层层铺垫,犹如在水中投下一块块的垫脚石,借助各种暗示和语境补充自己去悟出作者的意图。思维、价值观上的差异决定了不同文化背景下在交往方式和策略上也必然存在差异。例如,中国人在进行回绝时,一般不会一语道破,而是迂回的采取其他策略,目的就是尽量不要伤及对方的面子。在西方,"个人主义"的价值观和平等待人的社会观念由来已久,是社会中重要的价值观和一切活动的指导思想,做事束缚很少,不拘泥于形式,推崇"直言快语",在人际关系中讲究平等。从对邀请反应的影响上也有差异。从表面上看,中国人出于礼貌不会马上接受人家的邀请,而说:"不必啦!""别麻烦啦!"等,最后还是拐弯抹角地接受了。而英美国家人如果愿意,则会很高兴,很感激地接受别人的邀请,并说声"谢谢!"当中国人请客吃饭时,喜欢说:"今天没什么菜。"外国人会想:"没菜还请我吃饭?"还喜欢说:"请慢慢吃!",对方又会想:"难道我的行为有什么不妥吗?我吃得太快了吗?"西方人追求独立意识,决定了在交际过程中追求言语行为的个性自由,使思想表达过程直截了当、不加虚饰,而中国人在言语行为上把间接迂回策略当成首选。

(三)悟性和理性

西方文化的思维模式注重逻辑和分析,而东方文化的思维模式往往特别注重认识过程中的经验和感觉,在交往中也往往凭借经验和感觉去推测别人的想法。与西方人的思维模式相比,中国人的这种思维模式具有明显的笼统性和模糊性,久而久之,会形成一种思维定势。这种思维模式是在自己特殊文化背景中通过亲身经历获得并发展起来的,因此存在某种惯性,一旦进入异域文化,这种惯性常常导致错误的估计和判断,会直接影响跨文化交际,造成双方理解差异。例如:

[1]中国人:你汉语说得真好!

美国人:谢谢!

[2]美国人:你英语说得真好!

中国人:哪里哪里,很一般了。

汉英思维差异的另一表现是构思方式和语言组织方式的悟性和意合、理性和形合的不同。汉语重悟性,即不凭借严谨的形式进行分析,而是根据主观的直觉,从逻辑及上下文中"悟"出关系来,因此语言上模糊隐约。而西方对别人的恭维话中,总是依据事实结果来确定使用"是的"或者"不是"。在恭维用语上,如例[1]和例[2],中西方的回答总是不同的。

二、文化负迁移的影响

语言是文化的载体,文化因素对语言的形式和语言的运用,产生正迁移或负迁移作用。在汉语国际教育和国内的汉语国际教育及国内的对外汉语教学中应该积极利用文化的正迁移作用,克服文化的负迁移作用。长期以来,人们对语言的认识受工具主义语言观的影响,认为语言只是一种工具,人们利用它来互相交际,交流思想,达到相互了解。就语言的基本职能而言,把语言视为工具未尝不可,因为"工具"无非是内容的形式而已。但这种狭隘的"工具观"很容易把人们引向形式主义,即只注重语言系统内容组织规律的研究,而忽视语言系统之外制约语言的其他因素,如文化。在外语教学中,"工具主义"语言观的弊病尤为突出,学生虽然掌握了语言的内部规律,但在现实的跨文化言语交际中,却不能运用自如。尤其在当今世界,各国科技、文化交流频繁,用文化语言观指导语言教学尤为必要。

（一）迁移与文化的概念

迁移一般指学得的经验对于后来学习的影响。学得的经验包括知识、技能、对现实的态度和行为方式。起促进作用的影响是正迁移，起干扰作用的是负迁移。迁移的基本过程在于对新、旧课题进行概括，已有经验的概括水平影响新课题的概括过程（谢军，1999）。成人在学习第二语言时，不可避免地会发生迁移现象。迁移理论不仅有重大的理论价值，而且有很大的实践意义。

"文化"是指一个社会所具有的独特的信仰、习惯、制度、目标和技术的总模式。它不仅包括城市、组织、学校等物质的东西，而且包括思想、习惯、语言等非物质的东西。这里所指的文化是狭义文化，包括与日常生活起居、对话等直接有关的民俗、心理过程等民族特点。由于文化具有鲜明的民族性，不同的文化之间自然会呈现出不同的文化形态。这种文化形态差异反映在语言层面上就表现为语言差异。正因为如此，任何跨文化的研究，如比较文学、翻译、外语教学等，都不能只从本国文化的接受心理去考察语言差异，而应兼顾文化差异。人们在学习语言时，由于本族文化影响根深蒂固，本族语文化对目的语的学习或多或少地会发生迁移作用，尤其是负迁移作用，对英语教学和汉语国际教育及国内的汉语国际教育和国内的对外汉语教学会产生很大影响。

（二）文化负迁移对语言形式的影响

语言形式的词法及句法等层面，在很大程度上受到文化因素的影响。文化负迁移对语言形式的影响，较明显地表现在以下方面。

1. 表达同意和不同意的方式不同

中国人总是不愿意直接说"不"。该说"不"的时候，往往用不置可否或模棱两可的话来敷衍、搪塞，这点对于英美国家学生来说非常难以理解。这样的文化习俗似乎赞成和鼓励避免直接否定，人们宁可空作允诺也不直截了当地拒绝。而对于西方国家的人来说，这就意味着背弃允诺所承担的义务。

2. 对否定的反意疑问句的回答不同

中国人对否定的反意疑问句的回答与英语国家的人完全不同。汉语中否认一个本身带有否定意味的问题，往往直接采用否定的方式，如对"你不喜欢中国画吗？"的回答，汉语说成："不，我很喜欢。"而英语却通过对否定意味的否认表示肯定，英语回答是"Oh，yes，I do！"如果英语的说法对汉语学习产生负迁移，说出"噢，是的，我很喜欢。"这样的答语就会使中国人感到莫名其妙。而中国学生由于汉语对英语的负迁移作用，像"Yes，I don't."的错误经常出现。

3. 见面时问候方式的影响

中国人在每天三顿饭前后的时间，见面时常要问："吃饭了吗"；可以回答："吃了""吃过了"，"还没呢""过会儿吃"等；或者走在路上时，则常要问："到哪儿去？"这些都是寒暄语或打招呼语，问与答的双方都不把它当成真正意义上的问题。可按中国人这种礼仪习惯去问英语国家的人，可能会成为问题。在汉语国际教育和国内的汉语国际教育及国内的对外汉语教学中，教师和外国学生之间经常产生一些误解，甚至冲突。例如，如果你问学生："你去哪儿？"学生会误认为你是从警察局来的，要么沉默，即使回答也会没礼貌或者很粗鲁"这事情和你无关"等；如果你问学生："你给谁写信呀？""哪儿来的信？"学生会误认为你干涉别人的私事。而中国学生在使用英语交谈中，出现"你多大了呢？你已经结婚了吗？你的薪水怎么样？"等，这样询问私事的句子，英国人可能在回答时就会拒绝或者沉默。这也是中国学生不了解英语国家尊重个人"隐私"的文化背景。

第三节 如何解决留学生同意、反对表达方式存在的问题

留学生使用同意、反对表达方式时，在语义、语用、文化和非言语交际上都存在着许多问题，那么如何有效解决这一问题，是他们能否正确地运用同意、反对表达方式来表明自己态度和观点的关键所在。

一、对比分析中西方同意、反对表达方式

主要通过问卷调查的方法,考察具有良好听说读写能力的欧美留学生能否用汉语表达"同意、反对",并对英汉"同意、反对"表达方式进行对比研究。

(一)研究方法、受试及结果分析

1. 研究方法

本项研究采用了问卷调查法,对100名不同年龄和不同职业的人进行了问卷调查。共设计40个不同的情景,涉及日常生活的各个方面,每个情景包括行为发生的背景和一个对话,对话中的第一个说话者提出请求或邀请,第二个说话者的回答内容留下空白,要求受试者自由写出答语。每个情景后还根据答应、拒绝的程度,分为:A.高兴地答应;B.勉强或有条件地答应;C.强烈拒绝;D.委婉拒绝供受试者选择(廖素清,2007)。受试者独立完成问卷,不受时间限制。留学生答卷可以查字典,不会的字词可以用拼音代替。问卷情景所涉及的言语行为有:请求、邀请、询问等。问卷设计考虑到问卷情景的社会地位/权利和社会距离等因素。我们经过筛选,从中精选了10个典型的情景,如表5-1所示。

表5-1　　　　　　　　情景与语用因素

情景	社会地位(被拒绝者相对于拒绝者)	社会距离
S1 向别人问路	平等	非常远
S2 小孩子要买玩具	低	非常近
S3 好朋友询问	平等	非常近
S4 亲戚询问私人问题	高	非常近
S5 老师要借书或教案	高	远
S6 老板邀请参加聚会	高	远
S7 亲戚要借钱	平等	非常近
S8 下属或雇员请吃饭	低	远
S9 同学要借笔记或作业	平等	近
S10 学生要请假	低	远

为确保调查结果的可靠性和有效性,我们在问卷发放前先征求了一些专家、同行的意见。在给留学生的问卷中还用英语解释了这些情景背景,以确保留学生对情景背景理解的准确性。

2. 受试

中国的受试者共50人,男女各半,具有大本以上学历,分别来自中央民族大学、北京联合大学以及北大方正公司等。欧美留学生(非华裔)共35人,男女各半,都具有HSK5级及以上的汉语水平,分别来自中央民族大学和北京联合大学。中国受试者共返还了50份问卷,有效问卷47份,共收到拒绝语207条;欧美留学生共返还35份问卷,有效问卷29份,共收到拒绝语128条。详见表5-2。

表5-2　　　　　　　　中西方同意与反对程度比较

	高兴地答应	勉强地答应	强烈拒绝	委婉拒绝	直接拒绝	间接拒绝
中国人	205	65	19	187	13	193
留学生	123	46	37	90	31	96

3. 结果分析

从调查结果(见表5-3)发现,"同意"表达方式中西方区别不是很大,主要对"反对"表达方式分析,比较英汉拒绝言语策略的共性和差异,可以分析交际所产生的影响,对语言学习者提高跨文化交际能力具有指导性的意义。

表5-3　　　　　　　中西方表达同意与反对共性和差异

情景	S1	S2	S3	S4	S5	S6	S7	S8	S9	S10	总计
中国人	42	34	45	46	15	7	0	4	32	43	268
留学生	27	14	15	29	18	8	5	5	26	19	166
总计	69	48	60	75	33	15	5	9	58	62	434

中国人和欧美留学生在各情景中表示高兴地答应、勉强答应的主观愿望没有明显差别,但是表示强烈拒绝和委婉拒绝的愿望有显著差异,留学生表示

强烈拒绝的程度明显高于中国人,而中国人表示委婉拒绝的程度则明显高于留学生。中国人表示强烈拒绝的情况主要是对方的请求违反了某种规章制度(如S10学生请假违反学校的规定)或者某种做人准则(如S3好朋友询问)时,而欧美留学生除此之外还有对想不劳而获、弄虚作假(如S9经常逃课的同学借笔记)或者依赖他人(如S7亲戚要借钱)的情况表示强烈拒绝。

在各情景中,中国人和欧美留学生对主观愿望表示不拒绝的统计如表5-4所示。

表5-4　　　　　　　　中西方对主观愿望表示不拒绝的统计

主观愿望	高兴地答应	勉强地答应	强烈拒绝	委婉拒绝
中国人	205(42.8%)	65(13.70%)	19(4.10%)	187(39.10%)
欧美留学生	123(41.20%)	46(15.60%)	37(12.60%)	90(30.20%)

中国人和欧美留学生在各情景中,表示不拒绝的情况有显著差异,从表5-4中我们可以发现:

(1)在情景1和情景5中,老师和陌生人虽然与受试人的社会距离较远,但是所请求帮忙的事都比较容易,中国人和欧美留学生都比较容易答应请求。

(2)在情景3、情景6、情景10中,或者是请求的内容违反了某种社会原则、规定或做人准则,或者是所请求的事难度太大,中国人和欧美留学生都倾向于拒绝请求或邀请。

(3)在情景2、情景4、情景7、情景8、情景9中,欧美留学生跟中国人之间存在很大的差异。导致这些差异的原因主要是留学生母语文化的负迁移。在情景2、情景7、情景9中,中国人比外国人更难拒绝家人、亲人和同学的请求。而欧美国家是个人主义取向的社会,非常崇尚平等竞争,他们更容易拒绝反对弄虚作假(王芙蓉、刘振平,2006)。

(二)英汉同意、反对言语策略的共性和差异

1. 英汉"同意"言语策略的共性和差异

从调查结果来看,中国人和欧美人在同意表达方式上基本上都是一样的,没什么特别之处,一般在同意时都会高兴地答应。差异主要表现在欧美人表示

同意时就是同意，没有更多的附加条件。但是中国人在同意时会附加一些条件，如会讲解一些理由或者趁机提出别的要求。例如：

［1］女儿：妈妈，我想吃冰激凌。

妈妈：可以，但是晚上回家要多练一会儿古筝，你都好几天没练了。

2. 英汉"反对"言语策略的共性和差异

（1）英汉反对言语策略的共性。

①中国人和欧美人普遍采用间接拒绝策略。

从以上调查结果来看，中国人和欧美人都首选间接拒绝言语行为。利奇（Leech，1983）认为拒绝对方的直接请求是一种本质上威胁对方面子的行为，中国人和欧美人在表示拒绝时常常使用间接拒绝策略，因为拒绝言语行为"本质上是不礼貌的"。布朗和列文森（Brown & Levinson，1987）也认为拒绝语是一种"本质上威胁请求者正面面子的威胁行为"，所以拒绝者更多地使用间接拒绝言语行为，以尽量减少对被拒绝者面子的威胁。例如情景5的回答有：

［2］A1：我晚点要上课，很抱歉不能借给你教案。

A2：我刚好要用这本书，很抱歉不能借给你。

这些拒绝语都没有直接拒绝对方的要求，而是先礼貌地说明拒绝的理由，间接拒绝了对方的请求。

②拒绝时都维护礼貌原则。

从语用角度看，人们的拒绝言语行为基本上都遵守了合作原则。但是因为拒绝对方在本质上属于损伤面子行为，中国、欧美都是通过使用延缓语、提供拒绝理由、假同意策略等尽可能地维持礼貌原则。例如对情景2的回答有：

［3］A1：今天不行，等到你生日的时候就买。

A2：孩子，你已经有很多玩具了，下次妈妈买给你，好吗？妈妈今天买你喜欢吃的海苔。

例如对情景7的回答有：

［4］A1：对不起，我刚失业了，借不了钱。

A2：我现在也没那么多钱，我帮你问问我父母是否可以借给你一些。

所有这些中国、欧美拒绝方式都通过使用延缓语、提供拒绝理由、假同意策略等维持了礼貌原则。

（2）英汉反对言语策略的差异。

①文化差异。

文化差异是中国人和欧美人拒绝言语行为差异的主要原因，说不同语言的国家有着不同的民族风俗习惯和文化差异，中国和欧美也存在着巨大的文化差异。因为中国是个群体取向的社会，十分重视家族裙带关系的和谐，所以不容易拒绝家人、亲人、同事或朋友的请求。而欧美是以个人主义取向的社会，他们崇尚个人奋斗，把依赖别人当作一种耻辱，所以他们在面对亲人的请求时会直接拒绝。欧美人崇尚平等竞争，反对走后门和不劳而获，所以在情景9中他们比中国人更容易拒绝经常逃课同学的请求。在情景8中，中国人比欧美人更容易拒绝下属的邀请。因为中国是一个关系取向的社会，所以存在"拉关系""套近乎"的现象，个人的社会关系至关重要，直接影响到他的社会地位、发展前途。请吃饭就让人自然地想到"拉关系"，因而中国人多选择拒绝。而欧美人人非常强调平等，公私分明，下属请吃饭不会觉得欠了"人情债"。欧美人对情景4的回答：这是我的事，要是我有男朋友了就告诉你。而中国人的回答：我哪天把男朋友带来您看看怎么样？这都是文化差异所造成不同的拒绝言语策略。

②使用间接拒绝策略的程度不同。

中国人和欧美人都有使用间接拒绝策略的倾向，但是程度不同，由于两个民族不同的文化价值观以及他们对面子原则中积极面子和消极面子的不同认识的原因，导致了他们对使用直接拒绝言语和间接拒绝言语以及间接程度的不同取舍（杨蔚、陈淑芳，2005）。欧美人使用间接拒绝言语要比中国人少，表示强烈拒绝的程度明显高于中国人，而中国人表示委婉拒绝的程度明显高于欧美人。中国人表示强烈拒绝的情况主要是对方的请求违反了规定或某种做人的原则；而欧美人对弄虚作假、不劳而获或者依赖他人的情况表示强烈拒绝。欧美人使用拒绝言语比中国人更直接。西方文化的特点是外显、明了，因此经常把"滔滔不绝""善于雄辩"看作具有很强能力的表现。而中国人在交际时，较多推崇"寡言少语""含而不露"，"夸夸其谈"被认为是不礼貌的、肤浅的。因此，中国人在使用拒绝策略时通常更多地使用更间接、更含蓄的方式。

③使用不同的拒绝策略。

欧美人和中国人倾向于采用不同的拒绝策略，中国人在使用拒绝策略时更"节省"些。由于中西方语言与文化背景的差异，各自在对合作原则的次准则的遵守上有所不同。欧美人多采用直接拒绝成分来表示拒绝，从而使会话结构更直接，遵守了合作准则中的关联次原则；欧美人多用主观性理由作为间接拒绝的成分，使拒绝的原因更加真实可信（姚俊，2003）。例如欧美人对问题情景9（同学要借笔记或作业）的回答有：

［5］A1：不给你，因为你不上课。

A2：不可以。

A3：对不起，不行。

A4：我想你不努力学习，对不起，我不愿意帮助你。

例如中国人对问题情景9（同学要借笔记或作业）的回答有：

［6］A1：对不起，我的字写得很潦草看不清，你借别人的吧。

A2：很抱歉，我的笔记记得不全面。

A3：不好意思，我的笔记一会儿还要看呢。

对情景10（同学请假）学生要求请假的回答是：你不能动的话就不用上课了。这些都是很直接的拒绝方式。中国人却常常使用假同意、假装许诺交际双方都能领悟到的谎言，显然违背了质量次准则，但是却维护了礼貌原则（朱跃、李家玉，2004）。对情景5（下属或雇员请吃饭）的回答却是：对不起，我家里有人生病了，我要照顾他。不能和您去了。这些拒绝方法通常是比较礼貌的，达不到强烈拒绝的效果。

把中国人拒绝言语行为表达模式与美国学者的研究资料相比较发现，由于两个不同的文化价值观以及他们对面子的不同认识的原因，导致了他们对直接表达和间接表达拒绝言语策略以及间接程度的不同取舍。中国人在表达拒绝语时，为了顾及双方的面子，多采用礼貌作为语用手段，力求和谐。当不得不使用有伤面子的言辞时，往往采用比较委婉的间接拒绝言语策略，而欧美人的文化价值观决定了他们使用相对中国人较为直接的拒绝言语行为（何自然，1999）。各种拒绝言语方式和策略没有好坏之分，主要是文化差异所导致的，多了解中西文化关于拒绝言语策略的异同，可以避免在交际中造成不必要的误会，提高跨文化的交际能力。

二、加强对留学生的文化教学

由于文化上的不同，即使语言准确无误，有时也会产生误会。对于不同的人，同一个词或同一种表达方式可以具有不同的意义。中西方的文化的差异表现在：一方认为是在谈一个严肃的问题，另一方却在听后捧腹大笑；一方说出本是一句毫无恶意的话，对方却觉得十分气愤；同一个笑话对一些人来说毫无反应，面无表情，鸦雀无声，然而，面对另一个群体听众却笑得前仰后合。这些都是由于文化上的差异造成的。两个民族的心理因素、思想方法的不同，对客观世界的认识也不尽相同，有时对同一个事物会作出完全相反的推断。例如，在一次运动会上，一个教师跑完100米，并取得了冠军。回来后，他的学生迎上去夸奖说：

[7]甲：我们老师跑得可真快。

　　留学生：是啊，像狗一样快。

[8]甲：我去问了，人家说这样办不行。

　　乙：嘴上无毛，办事不牢。

例[7]中这显然是误用了本族语中的文化观念。在西方，常常将狗视为家庭成员，而在汉语中把人比作狗有很大的贬义作用，如狗腿子，有些表达方式是中国人的生活经验总结。例[8]中一个人让另一个人去办一件事情，结果没办好。"嘴上无毛，办事不牢"是说老年人经验丰富，考虑问题周到，而年轻人则显得不那么稳重。但在英美，老年人被视作衰弱无用的人，再加上由于饮食习惯上的差别，在英美"嘴上有毛"的年轻人也大有人在，因此他们自然无法理解这句话的真实含义（盛炎，1994）。以汉语为母语的人们所掌握的文化背景知识是他们作为社会的一员在社会生活中自然习得的，外国人要掌握这些知识则非要经过专门学习不可。这就要求教师在教语言的同时，根据需要向学生提供有关的文化背景知识，减少文化差异带来的交际障碍。

（一）在汉语国际教育和国内的汉语国际教育和国内的对外汉语教学中如何消除文化负迁移的影响

1. 文化对语言学习影响的几个阶段

不同的民族有不同的文化，只有发展阶段的不同没有优劣之分。从整体上来看，都是适合本民族需要的，我们只有学会尊重和了解别的民族文化，才能促进语言的学习。人们在学习第一语言的过程中，形成了以自我为中心的情感系统，即一种自我认同的文化体系，这种自我认同跟第一语言的文化因素息息相关，在学习第二语言的时候就会表现出来，形成一种自我疆界。我们只有了解和学习不同民族的文化，才能超越和消除文化对语言学习的障碍。一般认为，语言学习者对文化的接受可分为以下几个阶段：

（1）新奇阶段。

这个阶段学习者对目的语国家的文化感到新鲜好奇，产生一种强烈的了解和学习欲望。例如，外国学生刚到中国，身着中式服装，学着用筷子吃中国饭，分享着做中国人的快乐。才学说一声"你好！"中国人就都能听懂，心情非常愉悦。同时，又常常参观、游览向往已久的中国的名胜古迹，因此这段时期兴趣最浓。

（2）挫折阶段。

经过一段时间的学习，发现一切都不是那么简单，对目的语国家的语用规则和文化习俗都不习惯。从心理上经历一种困惑、浮躁到危机的感觉，于是出现了文化休克，感觉困难重重，内心茫然不已。

（3）适应阶段。

经过一系列学习的困惑和烦恼，学习者慢慢从尝试、犹豫到逐渐适应，对目的语国家文化初步适应，并在语言运用中能渐渐消除本族文化的负迁移作用，语言能力逐步增强，开始逐步扩大交际范围。

2. 正确导入文化因素，消除文化负迁移作用

我们应该把语言知识与文化知识看作一个整体，在语言教学中要以这个观

> 走在城市的际线：
> 汉语国际教育中同意与反对的表达手段

念去指导实践，才能避免语言教学中的某些缺陷，最终达到使学习者能超越自我疆界，消除文化对语言的负迁移作用，使学习者处在目的语国家人们的位置和思想上，达到移情的理想境界。我们认为我们在汉语国际教育和国内的汉语国际教育及国内的对外汉语教学中，要消除文化的负迁移作用，可在以下三个方面作些尝试：

（1）培养整体意识。

就是要树立从宏观着眼、微观入手的观念，对文化的内容进行科学的界定，做到纵横结合，点面结合。例如，在汉语国际教育和国内的汉语国际教育及国内的对外汉语教学中，由于中华文化博大精深，一定要注意语言点中文化因素的系统介绍，从语言学习者的整体要求出发，配合语言规则的教学，提高语用能力。

（2）培养比较意识。

我们在语言教学中，要将涉及文化因素的语言知识，如社交礼俗（询问姓名、使用称呼、告别等）、思维方式特点（表时间和地点等时中国人由大到小与欧美人由小到大的思维习惯）、价值观（中国人具有多元价值观；欧美人具有双元价值观。中国人对事物的评价除"好"和"坏"之外，还有很多中间的评价，如"较好""较差"等；而欧美人一般评价事物只有"好"和"坏"来界定；民族心理特点（迂回式与直接式的比较，中华民族历来以含蓄深沉为美，提问时喜欢采取曲折、迂回的方式；而欧美人则喜欢坦率、直接的方式）；在文字、文化遗产等方面进行对比研究，从而揭示出不同民族语言中的交际文化差异规律。

（3）培养适应意识。

对于一个学习外语的人来说，他们的价值观念、思维方式都是在本民族文化熏陶下培养起来的，并逐渐形成一种固定的模式。在学习第二语言时，由于母文化烙印的客观存在，必然会有不适应的感觉。我们第二语言的教学基本上是学院化模式习得，语言与文化往往是游离的。当人们在习惯第二语言的语言要素及使用规则时，常常疏忽了语言中伴随的文化知识。因此，我们在第二语言教学时要培养学生树立起文化习惯意识，培养学生站在目的语国家人们的文化背景的角度去进行语言学习和交际。

（二）在汉语国际教育和国内的汉语国际教育和国内的对外汉语教学中教师如何教授文化知识

在跨文化交际中，交际双方分属于不同的文化系统，一开始各自都会按照自己的文化风俗去交往。因各自的文化背景不同，双方在认知和理解过程中经常会出现偏差，导致语用失误，由此增加了交际过程中的障碍，使双方交流不能顺利进行（罗艳梅，2008）。如何避免语用失误，提高跨文化交际能力，在汉语国际教育和国内的汉语国际教育及国内的对外汉语教学中是一项重要的任务。为此，在汉语国际教育和国内的汉语国际教育及国内的对外汉语教学过程中教师应把握以下几个方面：

1. 加强汉语传统文化的学习

了解文化内涵，如汉语交际中常用的体态语、问候语和告别语，汉族家庭成员之间的称呼习俗，自然现象在汉语中可能具有的文化含义等。

2. 进行跨文化对比

跨文化对比是文化教学中一个十分重要的手段，有比较才能有鉴别，只有通过对比才能发现学生的本国文化与汉语文化之间的异同，才能获得一种跨文化交际的敏感性。

3. 加深思维观念差异的理解

加深对中西生活方式的理解，只有理解了思维模式差异，学生才能恰当得体地进行跨文化交际。

4. 设置情景对话

引导学生进行情景对话，使他们真正进入生活角色，实践日常行为，如购物、就餐等一系列语言和非语言行为。学习一门语言最终是为了更好地使用该语言，因此，对外汉语的教学过程应该是语用能力的培养过程，这种能力，不会随语法知识的增多、词汇量的扩大而自动提升，只能通过日常对话慢慢改变。

三、注意非言语交际的教学

在人类的交际过程中,言语交际是必不可少的手段。然而除了语言交际外,人与人之间还存在一些非语言交际手段。

(一)了解中西方不同的非言语行为

在中国,微笑一般是表示高兴和友好,但在某些场合,尤其是当别人处于很窘迫或尴尬时,中国人的笑会引起西方人的反感。他们认为这是对他们的嘲笑,其实中国人的笑只是叫他们别当回事。例如,美国人存放自行车时,不小心自行车倒了,他会因为自己动作不麻利而感到困窘。如果旁边的中国人笑起来,他会觉得受到耻笑,非常生气。当然中国人的这种笑,不论是对本国人还是外国人,并非是嘲笑当事人,也不是幸灾乐祸。这种笑有很多意思,可以表示"别在意""一笑了之""没关系""我们也常常出现这种事"等。

在中国,一般微笑表示欢喜或同意,蹙眉表示愤怒、厌恶或反对。非言语交际在表达信息时,它所代表的意义往往与文化背景相关,因此其含义因文化差异而有所区别。在中国和讲英语的国家不论微笑还是大笑,通常都表示友好、赞同、满意、高兴。可是在沙特阿拉伯的一个部落里的人却认为笑是最不友好的表达表示,谈恋爱则要"不苟言笑",因为只要笑一笑就算吹了。"V"字型手势源于英语单词Victory,在英美等国及非洲大多数地区用它来表示胜利。"OK"型手势模仿的是英语单词OK一词中的O的形状,表达方式是食指和拇指构成圆圈,其余三指向上,在英语国家表示"好极了""同意""一切正常"之意。但是,如果做这一手势时手心向内,在新西兰、澳大利亚等国则表示猥亵、侮辱人的意思。在阿拉伯国家表示对某事物深恶痛绝,并常伴随恨得咬牙切齿的动作。在中国,这种手势也可以用来表示"零",老师向学生做这一手势,表示学生考试得了个零分(李永生,1997)。

眼睛是心灵的窗户,这是因为人们在交际时,通过目光接触和眼神产生心灵沟通,表情达意,但目光交流也因民族文化的不同而受约束。英语国家的人在双方交谈时,听话方习惯把目光集中到对方身上,以表示诚意和尊敬,而讲话方注意回视听话方,以便及时了解听话方的反应,并显示其自信和坦诚。他们认为缺乏目光交流就是缺乏诚意、为人不实,或者是逃避推托;或对谈话缺乏兴趣,心不在焉;或害怕对方、感到内疚等。而在有些东方文化中,女子被禁止注视男子眼睛,男子为了表示尊重,也不好直接注视女子。中国人为了表示礼貌、尊敬或服从往往避免一直直视对方;特别是女子习惯于目光下垂,其他人在长者或上级面前也有这种表现。所以在交往过程中,英语国家的人往往会为中国人回视时间过短而产生不解情绪,或认为他们看不起自己而产生交际误会。在中国文化中,女子若在公共场合用眼睛直盯着男子,被认为是轻浮的表现,男子一般也不直接凝视女子,否则被认为是失礼。而在法国,男子在公共场合凝视妇女却是公认的文化习惯,这不但不会招来非议,或许还能博得女子感激的眼神或会意的微笑。英美人在作讲演时,常常用目光巡视听众,听众往往以目相迎,表示他们对演讲感兴趣或同意对方的观点。中国人在演讲的时候,时常埋头看讲稿,却不习惯抬头和听众目光交流,西方的听众会认为演讲者冷漠,不尊重他人(武喆,2006)。

(二)对外汉语课堂上的非言语教学

在汉语国际教育和国内的汉语国际教育和国内的对外汉语教学中适度、恰当地使用非语言交际手段,可起到事半功倍的效果。因此,对外汉语教师应重视非语言交际手段在汉语国际教育和国内的汉语国际教育及国内的对外汉语教学中的运用,留学生正确解读非言语交际的意义,是进行人际交往的重要条件。语言交际能力的掌握,很难用学习语言知识来完成,因而教学中要努力使"教学过程交际化",这其中很有必要重视非语言交际手段在课堂上的应用。在跨文化的交流过程中,学生了解非语言交际手段特有的民族特色和文化内涵,有助于加深他们对汉文化的完整了解,在语言的运用中取得更好的效果。非语言教学手段能最大限度地使课堂接近于实际的语言环境,便于学生理解发生交际的情境,使学生的口语练习尽可能地接近真实的交际环境,从而扩展了口语交际的空间,丰富话题的内容和素材,还有利于学生

走在城市的际线：
汉语国际教育中同意与反对的表达手段

对中国的历史文化、风俗民情等进行了解。例如，听了打电话的录音后，教师组织学生用听到的素材打电话。到较高阶段时，可让学生对听到的内容各抒己见，表达看法。同时帮助学生把握好说话时的语调、语气、语感、停顿、抑扬顿挫。在语言教学中由于语音系统不同，许多外国留学生讲汉语拐腔拐调。为了纠正音调错误，可以用手势帮助学生揣摩阴、阳、上、去四声的调值。不同的调值用高低不同的手势，有利于学生掌握。赞扬对方时翘起大拇指，这样学生学到的是"活语言"。语法教学中也可或多或少地应用此方法。以"一……就……"为例。我们曾演示"我一进教室就开灯"的动作，让学生理解，并用图片要求学生造句。由于调动了学生的眼、脑、口，教学效果显著。还有如趋向补语的教学：进来、出去、进去、出来……，教师可站在不同的位置使用不同的趋向补语，从而简化和加深此类语法现象的掌握。

通常情况下，我们的汉语国际教育和国内的汉语国际教育及国内的对外汉语教学多依靠课本按部就班地进行，有时教学过程单一，学生易感到枯燥乏味。若教师能加入一些面部表情，更换说话的口吻及肢体动作，在一定程度上会给学生一些新鲜感，容易引起学生的注意和理解，有助于其思维活动的展开，使学生有说话的愿望，课堂气氛自然会轻松愉快。教师可以通过观察学生的言行、神态、情绪、反应等，及时了解学生学习的情况，推测授课效果，调整教学内容及方法。这样不仅可以改善师生间的关系，还能提高学生的交际、认知能力，增强教师的感召力。所以说非语言教学手段，可使教师把语言知识生动地传给学生，学生学到了活的知识，交际能力也在轻松活泼的气氛中得以提高，因此这种教学手段在汉语国际教育和国内的汉语国际教育及国内的对外汉语教学中的作用是不可低估的。总之，巧妙、适度地使用非语言教学手段可使语言教学活起来，并调动学生的联想能力和交际能力，激起学习者的学习兴趣，真正做到"言传身教"。

第四节　小结

　　本章主要讲述了留学生在学习同意、反对表方式所遇到的问题，如何解决这一问题，以及在汉语国际教育和国内的汉语国际教育及国内的对外汉语教学中教授同意、反对表达方式的方法。同意、反对这一言语行为是社会各阶层、各群体所共有的普遍的言语行为。然而，不同社会、文化背景下的人，由于其价值观、世界观、民族性格、历史、地理环境条件等的差异，使他们不能正确把握这以言语行为的主旨和内涵。尤其在汉语国际教育和国内的汉语国际教育及国内的对外汉语教学中，由于中西方思维方式、文化差异等因素，致使留学生在学习汉语时会遇到许多问题即语用失误。为了避免问题的出现，需要对中西方的思维方式、文化等进行对比分析，从日常生活中对别人观点表示同意和不同意的言语行为，了解实施对别人观点回答的言语行为时所使用礼貌策略，比较同意、反对行为表达方式的差异，从而减少语用失误，更好地学习汉语文化知识，顺利地进行跨文化交际。

结　语

一、总结

本书通过举例，列举了各种同意、表达方式。为了更好地研究和表达，我们从显性、隐性、非言语交际三个层面对现代汉语中的同意、反对表达方式进行了分类。显性即直接表达同意、反对的表达方式，隐性则从语义、语用方面来表示的同意、反对表方式。同时根据分类，论述了同意、反对表达方式所使用的场合，列举了一些具有代表性的场合如课堂教学，商务谈判，法庭辩论，日常交际中的同意、反对表达方式特点。根据语义，对同意、反对的表达方式进行了分类，分成肯定、否定表达方式；答应、拒绝表达方式；赞扬、批评表达方式；允许、禁止表达方式。为了更好地说明研究同意、反对表达方式的意义，本书特意论述了同意、反对表达方式与汉语国际教育和国内的汉语国际教育及国内的对外汉语教学的关系。通过对比研究，详细介绍了中西方思维的差异造成的对同意、反对表达方式的表达也不尽相同，由此造成了留学生在学习这一表达方式时困难重重。那么如何在汉语国际教育和国内的汉语国际教育及国内的对外汉语教学中讲述同意、反对表达方式，让留学生更好地掌握汉语交际中同意、反对表达方式的使用和表达，就显得十分重要。

二、本书的局限性和一些问题

由于作者本人的水平限制，本书尚存在以下局限：首先，研究的深度不够。因为可供参考资料的尚少，所有材料大多是来自平时的积累和对日常交际中的观察，因此对该研究尚多停留在表面的分析，不能够深入充分地研究内在的关联，显得文章理论深度不够深厚。其次，现代汉语中的同意、反对表达方式各种各样，由于材料的限制，研究尚不全面，还不能给出一个完整而详细的描述。最后，因为材料中没有现成的例子，有些例子只能从现实生活中去挖掘、发现，其实证力度还有待于进一步考证。

三、进一步研究的问题

（一）例句的选择

同意、反对表达方式的研究范围很广泛，涉及生活中的各个层面。今后需要探求如何收集更全面的数据资料来开展进一步的研究。例如，在拒绝方式上，本书中的例子基本上都是为一对一的交谈，涉及多方谈话的不多。语言作为思想的载体，是人类最主要的交际工具，不可避免地反映出说话人的态度和观点。考虑到现实中多方谈话的场景非常丰富，因此今后的研究重点还可放在对多方交谈时的拒绝方面。

（二）性别差异中的同意、反对表达方式研究

性别差异中的同意、反对表达方式也值得研究。在现实生活中，由于性别差异，思维表达方式等也会不同。由于受到语言、文化背景以及性别差异的影响，面对相同的一种语境，男、女同意、反对的言语行为，在同一文化内部也有许多相同和不同之处。如不注意这些差异，就会违背礼貌原则以及"面子观"，使交谈者感到迷惑甚至恼火，从而发生误解，最终导致交际的失败。也可以根据跨文化的角度来研究性别差异中的同意、反对表达方式。依据布朗和列文森的礼貌理论，从跨文化交际的角度对中国男女和外国男女在实施言同意、反对语行为时的策略选择进行研究，在发现他们之间的异同以及策略选择背后的文化价值取向的差异。研究问题如下：

（1）男、女在实施同意、反对言语行为时的表现是否一致？
（2）中国男、女实施同意、反对言语行为时的表现是否一致？
（3）外国男、女实施同意、反对言语行为时，有何差异和共性？
（4）中国男、女与外国男、女实施同意、反对言语行为时，有何差异和共性？

（三）法庭辩论中的同意、反对表达方式有进一步研究的可能性

过去20多年的研究表明，法庭上语言的运用对法庭裁决有重大影响。语言技巧和语言策略如何影响法庭裁决，应用语言学试图通过语用研究来解决这类

问题。例如，语言歧义现象和微妙的语义差异，这些语言差异如何影响法律文本及其解释，应用语言学家为法学院学生和法律从业人员对这类问题提供了系统的分析。另外，应用语言学对交谈的研究，也有助于对这些未来律师进行法律培训。律师和当事人最初的交谈是以律师为法律代表而展开的，比较正式和刻板。如果交谈采取一定程度的非正式方式，律师当事人之间对话的效果会更佳。所以律师可以尽其所能根据需要对交谈方式进行调整。另外，培训法律执业人员的交际能力（包括交流能力），也是法律培训重要一课，也是应用语言学研究的一个重要课题。例如，律师必须要具备各种运用法律的能力，他要在法庭陈词，要参与对证人的讯问，还有协调好与法庭活动的其他人员的关系和交流等。应用语言学对法庭交际和法庭语言运用已经作了相当广泛的研究，但这些研究成果在法律上的应用还有待于进一步探讨。

法庭交际是应用语言学特别关注法律语言运用的一个领域，应用语言学对法庭场合的交际活动，尤其是语言运用进行深入研究不仅具有理论意义，更重要的是具有非常重要的现实意义和应用价值，可以为法律事务交流提供重要的参考和帮助。在法律专业场合中，随时可能出现多种语言失误和交际失误等对法庭判决影响重大的问题，应用语言学对这些问题进行系统研究和理论分析，对于法律培训教学中选择和使用教学语言、对于制订语言政策和规划、对于研究双语现象和双语教育计划具有深刻的指导意义。

（四）一些特殊的同意、反对表达方式研究

辩论赛中的同意、反对表达方式，文学作品中的同意、反对表达方式等因为篇幅原因，没有进行阐述。这些问题在研究上也有很高的价值。

参考文献

一、专著

（一）汉语专著

［1］陈汝东.当代汉语修辞学［M］.北京：北京大学出版社，2004.

［2］陈望道.修辞学发凡［M］.上海：上海新文艺出版社，1954.

［3］邓炎昌，刘润青.语言与文化［M］.北京：外语教学与研究出版社，1989.

［4］高名凯.语法理论［M］.北京：商务印书馆，1960.

［5］何兆熊，梅德明.现代语言学［M］.北京：外语教学与研究出版社，1999.

［6］何自然.语用学概论［M］.长沙：湖南教育出版社，1958.

［7］何自然.语用学与英语学习［M］.上海：上海外语教育出版社，1997.

［8］胡文仲.文化与交际［M］.北京：外语教学与研究出版社，1994.

［9］刘焕辉.言语交际学基本原理［M］.江西：江西教育出版社，1997.

［10］冉永平.语用学：现象与分析［M］.北京：北京大学出版社，2006.

［11］吴家珍.当代汉语修辞艺术［M］.北京：北京师范学院出版社，1992.

［12］张炼强.修辞理据探索［M］.北京：首都师范大学出版社，1994.

［13］周礼全.逻辑百科辞典［M］.成都：四川教育出版社，1994.

（二）英语专著

[1] Austin, how to do things with words [M].London: Oxford, 1962/Beijing: Fore-gin language Teaching and Research press, 2002: 101.

[2] Brown, P. &S.C. Levinson. Politeness: Some Universals in Language Usage [M].London: Cambridge University Press, 1987: 62.

[3] Brown, Penelope and Stephen C.Levison.Politeness: Some Universals in Language Usage [M].Cambridge: Cambridge University Press, 1987: 69.

[4] Grice H.P.Logic and Coversation [M].Cambridge: Cambridge University Press, 1975: 45-49.

[5] H.P.Glice.Logic and Conversation [M].NewYork: AeademiePress, 1976: 178.

[6] Hajeremy.How toTeach English [M].Beijing: Forein teaching&research press, 2000: 62.

[7] Halliday M.A.K . An introductiontoFunctionalGrammar [M].London: Edward Amold, 1985: 71-78.

[8] Leech GeoffreyN. Principles of Pragmatics [M] . London: Longman, 1983: 104.

[9] Leech, G.Principles ofPragmatics [M].London: Longman.1983: 81.

[10] Lyons, J.Semantics, Vol.2.Cambridge: Cambridge Univ.press, 1977: 677.

[11] Pillmore.Fillmore, J.LecturesonDeixis [M].Stanford: CSLIPublications Center for the study of language and information, 1971: 315.

[12] Searle, JohnR. Speech Acts [M] . Cambridge UniversityPress, 1969: 12-24.

[13] Searle, J.R. Speech Acts: An Essay in the Philoso-phy of Language [M]. Beijing: Foreign LanguageTeaching and Research Press, 2001: 66.

[14] Searle.John.R Speech Acts [M].Cambridge: Cambridge University

Press, 1969: 76.

[15] Tsui, B.M.English Conversation [M].Shanghai: Shanghai Foreign Education Press, 2000: 115.

[16] Wolfson N. The Bulge: A Theory of Speech Behavior and Social Distance. Second Language Discourse: A Textbookof Current Research [M]. Ed.J. Fine. Norwood, NJ: Ablex, 1988: 21-38.

二、连续出版物

（一）汉语连续出版物

[1] 曹合建.副语言与话语意义 [J].上海外国语大学学报, 1997 (5): 17-18.

[2] 陈春香.会话含义理论与言语交际 [J].科技资讯, 2007 (32): 186.

[3] 陈建祥.汉语语境下批评言语行为研究 [J].安徽理工大学学报, 2007 (2): 35-36.

[4] 陈霞.语境在语用过程中的语用解释意义 [J].喀什师范学院学报, 2003 (3): 63.

[5] 陈作宏.汉语国际教育和国内的汉语国际教育和国内的对外汉语教学中的插语教学 [J].对外汉语教学研究, 2003 (1): 24.

[6] 崔爱勇.略论体态语及其应用 [J].内蒙古大学学报, 2001 (7): 106.

[7] 丁衡祁.努力完善城市公示语逐步确定参照性译文 [J].中国翻译, 2006 (6): 42.

[8] 东平.汉语中的拒绝 [J].白城师范高等专科学校学报, 1999 (2): 22.

[9] 渡边丽玲."差一点"句的逻辑关系和语义结构 [J].语言教学和研究.1994 (3): 82-86.

[10] 范宏雅, 李悦娥.中国学生用英语会话的回应策略 [J].外语与外语教学 2001 (8): 27.

[11] 范莉娣.副语言与英语课堂教学 [J].世纪桥 2008 (4): 133.

[12]傅福英.跨文化交际中的文化信息输入问题[J].江西社会科学,2004(12):132-134.

[13]韩星."沉默"的语用功能及文化差异[J].聊城大学学报,2008(2):280.

[14]何学德.会话质量:合作原则与礼貌原则语境运用研究[J].西南民族大学学报,2005(3):45.

[15]何自然.言语交际中的语用移情[J].外语教学与研究,1991(4):11.

[16]胡安琳.礼貌原则与英汉礼貌语差异[J].巢湖学院学报,2002(1):90-93.

[17]李一平."什么"表否定和贬斥的用法[J].河南大学学报,1996(5):106.

[18]李永生.非言语行为在跨文化交际中的差异[J].临沂师专学报,1997(5):89.

[19]李悦娥,冯江鸿.析普通话话语中的赞扬及其应答[J].外语与外语教学,2000(9):29-30.

[20]梁吉平.公益广告语言风格的历时变化[J].现代语文,2006(12):71-72.

[21]廖素清."拒绝"言语策略的英汉对比研究[J].语文学刊,2007(4):24-26.

[22]刘晨红.公益广告语言的艺术化表现[J].西北第二民族学院学报,2005(2):125.

[23]刘娟.法庭语言的语用特征探析[J].鸡西大学学报,2008(2):51-52.

[24]刘小武.表示"同意"的一组词的词义辨析.井冈山大学学报(社会科学版).2002,S2.

[25]陆少兵.预设在法庭询问中的语用分析[J].江汉大学学报,2005(6):70.

[26]吕俞辉."合作准则"的违反与"会话含意"的产生——汉语国际

教育和国内的汉语国际教育和国内的对外汉语教学中的"会话含意"分析[J].北京师范大学学报,1999(6):102-106.

[27]罗选民,黎土旺.关于公示语翻译的几点思考[J].中国翻译,2006(4):66-69.

[28]罗艳梅.浅析汉英语言的语用差异及其在汉语国际教育和国内的汉语国际教育和国内的对外汉语教学中的影响[J].吉林教育学院学报,2008(12):140.

[29]马顺利."批准"、"同意"和"原则同意"[J].人大建设,2002(12):35.

[30]马月兰.从语篇表层谈中、美拒绝策略[J].齐齐哈尔大学学报,1999(4):74-75.

[31]马忠香,欧阳俊林.用合作原则理论分析汉语口语中省略句的会话含义[J].安徽理工大学学,2004(1):61.

[32]缪素琴.话语标记语 why 的语用功能分析[J].上海师范大学学报,2005(3):126-129.

[33]欧阳明磊."不同意"与"不愿意"的口语表达方式.俄语学习2003(4).

[34]屈志凌.浅谈标语口号的语言特色[J].读与写杂志,2007(6):7.

[35]盛炎.跨文化交际中的语体学问题[J].语言教学与研究,1994(2):155-156.

[36]舒亭亭,余丽雯.商务英语谈判中"赞成"与"否决"的句型浅析[J].南昌高专学报,2008(3):77-78.

[37]宋莉.沉默中的不同"声音"——静默语之跨文化浅析[J].外语学刊,1998(1):78-79.

[38]苏慰凰.汉英民族思维差异与汉英语言表达方式的对比[J].黎明职业大学学报,2002(4):45-49.

[39]孙琴."有"能否作为"有没有VP"句的肯定回答?[J].语文学刊,2003(5):76.

[40]孙汝建.汉语语调的语气和口气功能[J].南通师范学院学报,2000(3):

72-73.

[41] 童红灯. 对话中"同意"的表达方法. 大学英语. 2007, 2.

[42] 王爱华. 英汉拒绝言语行为表达模式调查[J]. 外语教学与研究, 2001（5）: 178-185.

[43] 王芙蓉, 刘振平. 欧美留学生汉语拒绝言语行为习得研究[J]. 现代语文, 2006（4）: 105-107.

[44] 王建平. "同意与否"的表达方式[J]. 高中生之友, 2004, 3.

[45] 王梅. 非言语行为的标记作用与文化差异[J]. 遵义师范学院学报, 2004, 42-44.

[46] 吴淑琼, 樊葳葳. 英汉批评言语行为策略对比研究[J]. 外语教学, 2004（3）: 23.

[47] 吴雪花. 表示同意和不同意别人观点时所采用的策略研究[J]. 南京工业职业技术学院学报, 2005（4）: 39.

[48] 吴亚欣. 语用含糊的元语用分析[J]. 暨南大学华文学院学报, 2002（1）: 36.

[49] 吴迎春. 法庭场合语言应用研究[J]. 牡丹江大学学报, 2009（1）: 26.

[50] 武喆. 东西文化在非言语交际中的差异[J]. 辽宁教育行政学院学报, 2006（9）: 158.

[51] 项成东. 歧义的语用[J]. 研究外语教学, 2002（7）: 38.

[52] 谢军. 英汉语言教学中的文化负迁移作用[J]. 湖南师范大学社会科学学报, 1999（3）: 119-120.

[53] 徐晓红. 人称指示语在中英广告语篇中的语用对比分析[J]. 广西民族大学学报, 2008（6）: 20.

[54] 徐晓燕. 对中美"直接请求"言语行为的跨文化分析[J]. 盐城师范学院学报, 2005（4）: 72.

[55] 杨昌庆. 公益广告词的语言技巧[J]. 写作, 1998（2）: 20.

[56] 杨蔚, 陈淑芳. 社会语用迁移与中介语拒绝言语行为的语用研究[J]. 湖南科技学院学报, 2005（8）: 158-160.

[57] 杨艳秋. 同意与不同意. 今日中学生[J]. 2003（35）: 70.

［58］姚芳.汉语国际教育和国内的汉语国际教育和国内的对外汉语教学中非语言交际手段的使用［J］.青海师专学报,2006（2）：113-114.

［59］姚俊.从英汉拒绝策略的语用对比看中西文化差异［J］.山东外语教学,2003（1）：12-17.

［60］于国治."同意"与"不同意"的英语表达方式［J］.沈阳师范学院学报（社科版）,1994（3）：56.

［61］俞艳珍,田建平.间接言语行为理论初探［J］.邵阳学院学报,2008(1)：98-99.

［62］袁小华.商务英语谈判中"赞同"与"否决"句型的巧用［J］.南京理工大学学报,2001（4）：68-72.

［63］曾怡华.论仿拟辞格在大学校园流行语中的运用［J］.广西民族大学学报,2007（12）：141.

［64］张美芳.澳门公共牌示语言及其翻译研究［J］.上海翻译,2006（1）：29-34.

［65］张睿.礼貌原则与英汉礼貌用语的文化差异［J］.重庆三峡学院学报,2006（6）：78.

［66］张秀芹.课堂环境下的师生对话与面子理论［J］.南京工业职业技术学院学报,2003（2）：58-61.

［67］张言军."同意"类动词初探［J］.唐山师范学院学报,2005（11）：33.

［68］张治英.副语言在文学作品中的话语意义及翻译［J］.中国翻译,2000（3）：20-22.

［69］赵英玲.英汉批评言语行为语用研究［J］.吉林师范大学学报,2004(1)：69-71.

［70］郑立华.浅析"书面语"隐含的社会意义［J］.现代外语,2001（1）：54-60.

［71］周利芳.汉语口语中表肯定、否定的话段衔接成分［J］.语言教学与研究,2005（5）：37-38.

［72］朱跃,李家玉.中英商业购物中"拒绝"言语行为对比研究［J］.

外语教学，2004（5）：15-18.

[73] 祝吉芳，元国江.答非所问——一种常用的话语回应策略［J］.河海大学学报2006（2）：60.

[74] 卓童.同意不同意［J］.中学生百科，2006（9）：58.

（二）英语连续出版物

[1] Herbert，Robert K.Theeth nography of English compliment and compliment responses：acontrastives ketch［J］.Contrastive Pragmatics，1989：23.

[2] Norwood，N.J.Goodwi，Cross-Cultural Pragmatics：Requests and Apologies，M.Aggravatedcorrectionanddisagreementinchildren'sconversations［J］.Journal of Pragmatics，1983（7）：657-677.

[3] HolmesJanet.Payingcompliments：asex-preferential positive politeness strategy［J］.Journal of Pragmatics：1988（5）：446-447.

[4] Sapir.Edwar，1921.LanguageHarcourt，raceWorld.Schifrin.Jewish argument as sociability［J］.Language inSociety，1984（13）：311-335.

（三）英语论文

[1] Grice H P. Logic and Conversation ［C］// colep，Mogan. Eds. Speech Acts. London：Academic Press 1976：64-75.